카라마조프 가의 형제들

The Brothers Karamazov

표도르 도스토예프스키

다락원 WILEY
Publishers Since 1807

세계의 교양을 읽는다

고전을 왜 읽는가?

인간의 삶과 세상에 대한 영원한 물음이 있기 때문이다. 시대와 사상을 뛰어넘어 지금 여기 우리에게 필요한 물음이 없는 고전은 더이상 고전이 아니다. 인간과 삶에 대한 근원적인 물음 없이 고전을 읽는다면 자신과 인간에 대한 성찰과 지혜로 이어지지 않는다. 논술 시험 때문에, 과제물 때문에, 아니면 남들이 읽으니까, 나도 읽는다는 식이라면 그 책은 죽은 책일 수밖에 없다.

고전을 살아 있는 책으로 만드는 이 '물음!'에 답하기 위해서는 좋은 길잡이가 필요하다. 40년 이상 미국의 고교생과 대학 주니어들이 시험, 에세이 작성, 심층토론 준비를 위해 바이블처럼 애용해온 'CliffsNotes'와 'SPARKNOTES'는 바로 그런 좋은 길잡이의 표본이다. 이 두 시리즈가 원조 논술연구모임인 '일이관지(一以貫之)' 팀의 촌철살인적 해설을 곁들여 〈다락원 논술노트〉로 재탄생해 논술로 고민중인 대한민국 학생 여러분을 찾아간다.

CliffsNotes와 SPARKNOTES의 가장 큰 장점은 방대하고 난해한 고전을 Chapter별로 요약하고 분석해서 원전의 내용에 보다 쉽고 체계적으로 접근하는 신속·간편성이라고 할 수 있다. 여기에 '一以貫之'팀이 원전의 중요한 문제의식, 즉 근원적 '물음'은 무엇이며, 그 '물음'은 오늘날에도 여전히 유효한가, 라는 질문을 다시 던진다.

대입논술로 고민하고, 자칭 타칭의 고전이 넘쳐나는 오늘의 독서풍토에서 지적 정복이 긴박한 대한민국 학생들에게 감히 이 시리즈를 자신 있게 권한다.

一以貫之 논술연구모임 연구실장 이호곤

차례

이 책의 활용법

CliffsNotes와 SPARKNOTES는 방대한 원작을 보다 쉽게 이해할 수 있도록 돕는 안내서입니다. 원작 이해를 돕기 위해 작가와 작품에 대한 배경지식, 그리고 매 장마다 간단한 '줄거리'와 '풀어보기'가 실려 있습니다. '줄거리'를 통해서는 원작의 내용을 명쾌하게 파악함으로써 독서의 즐거움을 느낄 수 있을 것입니다. '풀어보기'에는 원작에 담긴 문학적 경향, 등장인물의 심리상태, 시대상, 주제 등을 설명해 놓았습니다. 비판적 글읽기의 바탕이 되는 요소들이죠. 비판적 글읽기는 소설과 비소설 작품을 막론하고 책을 읽을 때 꼭 필요한 자질입니다.

그 밖에도 작품을 좀더 심오하게 분석할 수 있도록 '마무리 노트', 'Review' 등을 마련해 놓아 독자 여러분의 글읽기를 돕고 있습니다.

* 〈 〉는 장편소설, 중편소설, 논픽션, 시집. " "는 수필집, 단편소설

◉ 일이관지(一以貫之) 논술 노트

권말에는 一以貫之 논술팀에서 작성한 논술 노트가 실려 있습니다. 원작을 우리의 삶과 연계시켜 비판적 사고와 논리적 글쓰기의 방향을 제시합니다.

◉ 실전 연습문제

실전 연습문제를 통해서는 원작을 바탕으로 출제 가능성이 높은 논점을 함께 숙고해 봅니다.

작가 노트

작가의 생애

표도르 미하일로비치 도스토예프스키 Fyodor Mikhailovich Dostoevsky는 1821년 중하류 가정의 7남매 중 둘째로 태어나 1881년까지 살았다. 공립병원에서 군의관으로 근무한 아버지는 엄격하고 공정한 사람이었던 반면, 어머니는 소극적이고 친절하고 너그러운 성격이었다. 도스토예프스키가 여러 가지 반대되는 극단적 성격을 가진 인물들을 종종 소설 속에 등장시킨 것은 어쩌면 이러한 사실로 설명될 수 있을 것이다.

도스토예프스키는 소년시절에 공병학교에서 교육을 받았다. 공병학교 시절, 그는 지루한 학과공부와 무미건조한 학교생활에 싫증을 느낀 것으로 보인다. 그리하여 취미삼아 문학적인 문제를 탐구하고 신예작가들의 작품을 읽는 데 대부분의 시간을 보냈다. 문학에 대한 취미는 편집증에 가까웠다. 어린 시절 기숙사 생활을 할 때 아버지가 영지의 농노들에게 살해되었기 때문에 죽음에 대한 관심 역시 편집증적이었다. 아버지의 갑작스럽고 잔혹한 피살은 어린 도스토예프스키의 마음속에 잊을 수 없는 기억이 되었고, 그가 집필을 시작했을 때 범죄 특히 살인이라는 주제가 그의 작품마다 등장했다. 도스토예프스키는 생을 마칠 때조차 살인공포에서 벗어나지 못했으며, 살인—한 아버지의 죽음—묘사를 걸작 〈카라마조프 가의 형제들 *The Brothers Karamazov*〉의 기초로 삼았다.

　군대에서 2년 동안 복무한 뒤, 도스토예프스키는 〈가난한 사람들 *Poor Folk*〉을 쓰면서 문학활동을 시작했다. 이 소설은 발간 즉시 대중적인 성공을 거두면서 비평가들로부터 높은 평가를 받았다. 인간의 감정의 복잡성과 정신의 난해한 작용을 그처럼 철저하게 파헤친 러시아 작가는 일찍이 없었다.

　도스토예프스키는 〈가난한 사람들〉에 이어 여러 해 만에 중요한 소설을 한 편 내놓았다. 성격분열을 다룬 단편소설로, 훗날 집필한 〈죄와 벌 *Crime and Punishment*〉의 모태가 된 "이중성격 The Double"이었다.

　도스토예프스키의 드라마 같은 인생에서 가장 중요한 시기는 아마도 〈가난한 사람들〉을 출판한 직후의 몇 해일 것이다. 이 기간 동안에는 러시아 역사 전체에서 가장 활발한 변화가 일어난 시기가 포함되어 있으며, 도스토예프스키는 이 변화의 시대에서 유난히 적극적인 역할을 담당했다. 그는 문학적인 성공으로 얻은 영향력을 행사해 지극히 의문스러운 성격의 정치음모에 가담했다. 예를 들면, 서유럽에서 러시아로 유입된 새로운 과격사상에 깊은 영향을 받았으며, 오래지 않아 서구식 개혁방식으로 러시아에 혁명을 일으키고 싶어 하는 세력들과 손을 잡았다. 그는 다양한 정치적 문제에 관한 논문을 여러 편 썼는데, 자신의 논문 출판이 불법이며, 모든 출판물은 정부의 통제와 검열을 받는다는 사실을 잘 알고 있었다.

이내 이 반역적인 작가와 그의 동지들은 반역 혁명분자들로 간주되었고, 교도소에 투옥되었다. 투옥되고 9개월이 지나 도스토예프스키를 포함한 일당의 다수가 재판에서 유죄판결을 받아 총살형을 선고받았다.

사형집행 준비가 완료되자 죄수들을 결박하고 눈을 가렸다. 그런데 집행 직전 차르*의 특사가 도착했다. 사형집행이 연기되었던 것이다. 사실 차르는 도스토예프스키 일당을 총살시킬 생각이 조금도 없었다. 단순히 그들에게 본때를 보여주기 위해 이처럼 가학적인 방법을 사용했던 것이다. 이처럼 죽음에 직면하여 영혼이 떨리고 가슴이 찢어질 것만 같았던 경험은 도스토예프스키에게 영원히 잊을 수 없는 인상을 남겼다. 이 경험은 일생 동안 계속 되살아났다.

사형에서 감형된 후 도스토예프스키는 시베리아로 유배되었으며, 이 몇 년의 유형생활 동안 인생관이 완전히 바뀌었다. 감정이 메마른 범죄자들과 함께 악취가 진동하는 참혹한 생활환경 속에서 살았던 이 기간 동안 그는 자신의 가치관을 재평가했다. 그는 내면적으로 완전히 변했다. 최초로 간질 발작을 경험했고, 이때부터 러시아가 흡수하고 있던 새로운 사상들을 맹목적으로 받아들이기를 거부하기 시작했다. 그는 매우 근본적인 정신적 재생을 경험했기 때문에 러시아 국민의

---

* **차르**(Tsar, Czar): 제정 러시아 때 황제의 호칭.

성스러운 사명에 대해 선지자적 믿음을 갖게 되었다. 세계의 구원이 러시아 민중의 손에 달려 있으며, 결국 러시아가 강대국이 되어 세계를 지배할 것이라고 믿었다. 도스토예프스키가 고통의 필요성에 관한 유명한 이론들을 구체화한 것 역시 교도소 생활을 할 때였다. 고통은 인간의 영혼을 정화시키는 수단이 되었다. 고통은 죄를 보상했다. 고통은 인간의 유일한 구원수단이 되었다.

시베리아를 떠난 도스토예프스키는 문학활동을 다시 시작했고, 이내 러시아의 가장 탁월한 대변자 가운데 한 사람이 되었다. 그 후 1866년, 첫 번째 걸작 〈죄와 벌〉을 출판했다. 이 소설은 자신의 도덕관 및 의지의 자유와 관련된 형이상학적 이론을 시험하기 위해 무의미한 살인을 저지르는 대학생 라스콜리니코프의 이야기다. 이 작품에서 성격에 대한 탁월한 심리분석을 총망라하며 고통을 통한 구원이란 주제를 구체적으로 제시해 그가 유명해지는 계기가 되었다.

성인이 된 이후의 생애는 가정불화, 간질발작, 그리고 무엇보다도 채무자들에게 시달리는 생활의 연속이었다. 그는 늘어가는 거액의 빚을 갚기 위해 빠른 속도로 소설을 구성하고 집필하는 일이 잦아졌다. 그러나 말년에는 근심에서 어느 정도 벗어나 〈카라마조프 가의 형제들〉의 집필에 전념할 수 있게 되었고, 출간 1년 후 사망할 당시에는 러시아의 가장 위대한 작가 가운데 한 사람으로 널리 인정받았다.

작품 노트

줄거리 O

등장인물 O

줄거리

표도르 카라마조프는 첫 번째 아내에게서 아들 하나(드미트리)를 두었고, 두 번째 아내에게서 이반과 알료샤를 낳았다. 그러나 카라마조프 가의 형제들은 한 사람도 자기 집에서 성장하지 못했다. 그들의 어머니는 둘 다 죽었고, 아버지는 주정뱅이 난봉꾼이었기 때문에 아이들은 여러 친척집에 흩어졌다. 표도르에게는 그 이상 고마울 데가 없었다. 자신의 악명 높은 난잡한 술잔치에 모든 정력과 시간을 바칠 수 있었기 때문이다. 이는 초기 몇 해의 상황이었다.

소설이 시작될 때 드미트리는 성년이 된다. 그는 어머니가 자기에게 유산을 남겼다는 말을 오래 전부터 들었기에, 아버지에게 그것을 요구한다. 아버지는 그의 요구를 비웃는다. 늙은 카라마조프는 드미트리의 정당한 소유인 돈이나 재산에 대해 모르는 척한다. 그렇다고 이 문제는 결코 끝난 것이 아니다. 드미트리와 아버지는 본능적으로 적대감을 느끼며 유산 문제로 다투는 것 외에도 평판이 안 좋은 여인 그루셴카를 차지하기 위해 경쟁한다. 카라마조프 집안에 평화를 실현하려면 가족이 함께 수도원을 찾아가 알료샤가 모시는 조시마 신부로 하여금 분쟁을 중재하고 해결하도록 해야 한다는 의견이 마침내 제기된다. 카라마조프 가의 지적인 아들 이반이 가족과 함께 회의에 참석한다.

수도원에서는 화해를 이룰 가망이 거의 없어 보인다. 표도르는 평소의 역겨운 상소리를 계속 지껄이고 끔찍한 추태를 부리며, 드미트리가 늦게 도착하자 온갖 퇴폐행위를 아들에게 뒤집어씌운다. 그러자 드미트리는 아버지가 그루셴카에게 3천 루블을 주겠다고 약속하고 밀통하려 한다고 맞받아친다. 서로 소리치는 와중에서 조시마 신부가 엎드려 드미트리의 두 발에 입을 맞춘다. 이 행동으로 면담이 끝난다. 모든 사람이 충격으로 입을 다문다. 얼마 후 놀란 가슴을 진정한 표도르는 다시 수도원장의 식당에서 추태를 부린다. 그는 이어 수도원을 떠나면서 알료사에게도 떠나라고 명령한다.

이제 도스토예프스키는 카라마조프가 어쩌면 또 다른 아들을 두었을 가능성이 있음을 밝힌다. 오래 전 마을을 떠돌아다니던 백치 처녀가 아이를 낳았다. 모든 사람들은 호색한인 표도르의 짓으로 추정했다. 아이는 성장해 간질병을 앓게 되었고, 지금은 카라마조프 가의 요리사로 일한다. 그는 스메르자코프란 이름의 기이한 인물로, 나중에 간질발작이 더욱 잦아진다. 이상하게도 그는 이반과 나누는 철학에 관한 대화를 즐긴다.

수도원에서 일이 있었던 다음날 알료샤는 아버지를 보러 오던 중 드미트리를 만나 걸음을 멈춘다. 감정적이고 충동적인 이 카라마조프의 장남은 자신이 슬픔으로 병이 났으며, 바로 얼마 전 카테리나란 처녀와 약혼을 하게 되었고, 최근에 그루셴카와 벌인 술잔치 비용을 카테리나로부터 빌린 사실을 알료샤에게 이야기한다. 그리고는 약혼을 파기해 주도록 카테리나에게 전해 달라고 간청한다. 또 탕진한 돈을 갚고 그루셴카와 마음 편하게 도망칠 수 있는 길을 찾도록 도와달라고도 한다. 알료샤는 힘이 닿는 데까지 돕겠다고 약속한다.

아버지의 집에 도착한 알료샤는 더욱 큰 혼란에 직면한다. 한 하인과 종교에 관해 큰소리로 다투는 스메르자코프는 이반의 여러 가지 사상을 청산유수처럼 지껄인다. 얼마 후 물러가라는 지시를 받은 하인들이 사라진 후, 늙은 카라마조프는 하느님과 영생에 관해 이반과 알료샤를 비웃는다. 이반은 양쪽 모두를 믿지 않는다고 대답하고, 알료샤는 양자의 존재를 믿는다고 조용히 말한다. 그때 드미트리가 그루셴카의 이름을 큰소리로 부르며 방 안으로 뛰어든다. 그녀를 발견하지 못한 드미트리는 아버지에게 덤벼들어 죽이겠다고 협박한다.

알료샤는 아버지의 상처를 돌본 다음, 밤을 지내기 위해 수도원으로 돌아간다. 다음날 그는 드미트리에게 약속한 대로 카테리나를 만나러 간다. 그녀와 이반이 서로 사랑하고 있으며 그녀는 드미트리와 그의 문제들을 염려할 필요가 없다고 납득시키기 위해 애쓰지만 실패한다.

그날 늦게 알료샤는 레스토랑에서 이반을 만나게 되고, 두 사람은 아버지의 집에서 시작한 하느님과 영생에 관한 대화를 계속한다. 이반은 신이 그처럼 많은 무고한 사람들에게 고통을 받도록 하는 세계를 받아들일 수 없다고 말한다. 비록 이반이 하느님의 논리를 이해하지 못하더라도 모든 것을 이해할 수 있는 그리스도가 존재한다고 알료샤는 말한다. 그러자 이반은 자작시인 "대심문관"을 소개하면서, 그리스도는 자기의 모든 의문에 대해 답변이 준비되어 있지도 않을 뿐더러 쉽사리 답변할 수도 없으며, 인간에게 완벽한 선택의 자유를 부여함으로써 견디기 힘든 짐을 지웠다고 설명한다.

수도원으로 돌아간 알료샤는 조시마 신부의 임종이 가까워진 것을 알아챈다. 장로는 다소 기력을 회복해 자기 앞에 있는 소규모 청중에게 종교적 신념을 설명한다. 그는 무엇보다도 단순한 생활과 모든 사람과 사물을 사랑하는 생활, 다른 사람들에 대한 비판을 삼가는 생활을 강조한다. 이것은 조시마의 최후의 지혜다. 그는 강론을 마치자마자 세상을 떠난다.

조시마가 죽을 때 기적이 일어날 것이라는 소문이 여러해 동안 사람들 사이에 귀엣말로 전해지고 있었기 때문에 다음날 성인의 시체를 보려고 많은 사람들이 몰려든다. 그러나 기적은 일어나지 않는다. 대신 시체 썩는 고약한 냄새가 방안을 가득 채우고 조문객들은 두려움에 사로잡힌다. 알료샤조차도 하느님의 정의에 의문을 제기하고, 잠시 유혹에 굴복해 그루셴카의 집으로 도망친다. 그러나 그루셴카와 대화를 마친 그는 그녀가 자신이 생각했던 것처럼 죄 많은 여자가 아니란 것을 깨닫는다. 그녀는 감수성이 매우 예민하고 이해심과 동정심이 깊다. 믿음을 회복한 알료샤는 그 후 예수가 옛 도시 가나의 결혼식에 참석하는 꿈을 꾸고 나서, 다른 사람들과 즐겁게 사는 데 삶의 의의가 있다는 것을 깨닫는다. 그는 이제 하느님과 영생을 절대적으로 확신한다.

한편, 드미트리는 카테리나에게 갚을 돈을 빌리기 위한 방법을 열심히 찾는다. 그는 돈을 빌리려고 이웃 마을까지 가지만 뜻을 이루지 못한다. 돌아온 그는 그루셴카가 집에 없는 것을 알고는 몹시 당황해 그녀가 표도르의 돈에 굴복했다고 확신한다. 그는 먼저 아버지의 집으로 가서 그녀가 없다는 것을 알고 빠져나오려 하다가 늙은 하인과 맞닥뜨려 궁지에 몰린다. 그가 절구공이로 하인을 내리치자 의식을 잃고 피투성이가 되지만 그냥 내버려둔 채 그루셴카의 집으로 돌아간다. 그는 그루셴카의 행방을 대라고 다그쳐 마침내 그녀가 5년 전 그녀를 버린 옛 애인을 만나러 갔다는 이야기를 듣는다.

드미트리는 최후의 결단을 내린다. 한 번 더 그루셴카를 만난 다음 자살하기로 결심하는 것이다. 그는 그루셴카와 연인이 만나는 장소로 찾아가서 만남을 축하하는 자리에 합석한다. 원망과 말다툼 끝에 그루셴카는 옛 애인이 불량배이며 자신이 진정으로 사랑하는 사람은 드미트리임을 확신한다. 그러나 경찰이 들이닥쳐 아버지 살해범으로 드미트리를 체포함으로써 두 사람의 재결합은 무산된다. 두 사람은 정황증거에 크게 놀라는데, 혐의가 위중하다. 드미트리는 실제로 죄를 지은 듯이 보이고 기소된다.

한편, 알료샤는 격분한 드미트리에게 잔인하게 구타당한 한 남자의 아들인 어린 학생과 친해졌다. 알료샤는 겁에 질리고 복수심에 불타는 그 소년을 돕겠다는 진실한 소망을 차차 입증한다. 그 소년은 죽어가고 있었고 알료샤는 소년의 침대 곁에 머문다. 그는 소년의 가족을 도와주고 소년이 학교 친구들과 화해하는 것을 돕고 싶어 한다.

지식인 이반은 드미트리와 같은 낭만적인 열정도 없고, 알료샤처럼 폭넓은 영적 관심도 없다. 그는 아버지의 피살소식을 듣고는 곰곰이 생각한 다음, 자신의 여러 가지 이론을 스메르자코프와 토론하기로 결심한다. 그는 사생아인 하인이 자기가 살인사건에 책임이 있다고 공개적으로 고백하는 말을 듣고 깜짝 놀란다. 그러나 스메르자코프는 영리하다. 그는 전적인 책임을 부인한다. 이반이 살인에 대한 지적이고 도덕적인 정당화 구실을 자기에게 제공했다는 것이다. 뿐만 아니라 이반이 마을을 떠남으로써 자기가 살인을 자유로이 저지르도록 했기 때문에 사실상 살인행위를 허용했다고 주장한다. 이반은 그 주장을 선뜻 받아들이지 않는다. 그러나 일단 수긍한 다음에는 스메르자코프의 말이 사리에 맞는다는 것을 뼈저리게 확신한다. 재앙과도 같은 변화가 일어난다. 자신의 죄를 새로 발견한 그는 발광하게 되고, 드미트리의 재판 전날 뇌염에 걸려 고열에 시달린다. 같은 날 밤 스메르자코프는 자살한다. 드미트리의 상황은 갈수록 위태로워진다.

재판을 받는 동안 정황증거가 너무나 완벽하게 제시되어 드미트리는 논리적으로 표도르의 살인범으로 판결받는다. 그에게는 동기와 감정이 있고 범죄현장에 있었다. 그러나 아마도 가장 치명적인 증거는 카테리나가 제시한 물증일 것이다. 그녀가 법정에 제시한 드미트리의 편지에는 그가 아버지를 죽이게 될지도 몰라 두렵다고 쓰여 있다. 유죄판결을 받은 드미트리는 자신의 탈출계획에 응하면서도 모국인 러시아 땅에서 도망쳐 망명생활을 하는 것은 커다란 고문이며 고통이 될 것이라고 말한다.

어린 일류샤가 죽자 소년의 학교 친구들이 모두 장례식에 참석하고, 알료샤는 그 소년들을 모아 놓고 사랑과 우정에 관한 설명으로 깊이 감동시킨다. 그에게는 희망과 선(카라마조프 가와는 한 번도 결부되지 않은 자질들)의 미래가 기약된다. 소년들은 자발적으로 일어나 알료샤와 그의 지혜를 찬양한다.

등장인물

표도르 파블로비치 카라마조프 *Fyodor Pavlovitch Karamazov* 냉소적이고 부도덕한 아버지. 타락한 호색한으로 육체적 욕망 충족에만 몰두한다.

드미트리(미챠) *Dmitri(Mitya)* 카라마조프 가의 장남. 아버지에게 극도의 증오심을 품게 되고, 아버지 살해혐의로 유죄판결을 받는다.

이반 *Ivan* 차남. 지식탐구에 몰두하며 인생의 모든 가치에 의문을 제기한다.

알료샤(알렉세이) *Alyosha(Alexey)* 막내아들. 신앙심이 깊고 소설의 중심 인물 역할을 한다.

스메르자코프(파벨 표도로비치 스메르자코프) *Smerdyakov(Pavel Fyodorovitch Smerdyakov* 표도르의 서자. 카라마조프 가에서 하인으로 성장한다.

아델라이다 *Adelaida* 카라마조프의 첫 번째 부인이며 드미트리의 어머니.

소피야 *Sofya* 카라마조프의 두 번째 부인이며 이반과 알료샤의 어머니.

트리폰 보리소비치 *Trifon Borissovitch* 모크로에의 여관주인. 드미트리가 술잔치를 벌이는 동안 3천 루블을 전부 썼다고 증언한다.

페냐 *Fenya* 그루센카의 하녀. 그루센카의 행방에 대해 드미트리에게 거짓말을 한다.

페라폰트 신부 *Father Ferapont* 광적인 독설가이며 조시마 신부에게 극렬

하게 반대한다.

페추코비치 *Fetyukovitch* 모스크바에서 초빙된 드미트리의 유능한 변호사.

고르츠킨(일명 랴가비) *Gorstkin(Lyagavy)* 카라마조프가 소유한 재산의 일부를 구입하는 데 관심을 가진 상인.

그리고리 바실리에비치 *Grigory Vassilyevitch* 카라마조프의 하인. 아이들을 돌보아주고 스메르자코프를 양자로 들인다.

그루센카(아그라페나 알렉산드로브나) *Grushenka(Agrafena Alexandrovna)* 드미트리와 표도르의 관심을 끌어 결국 서로 질투하게 만드는 품행이 불량한 것으로 알려진 여자.

헤르젠스투베 *Herzenstube* 드미트리에게 유리한 증언을 해준 마을의 늙은 의사.

호흘라코프 부인 *Madame Hohlakov* 이 소설의 수많은 장면이 벌어지는 무대가 된 저택의 부유한 미망인.

리제 *Lise* 호흘라코프 부인의 어린 딸. 알료샤와 약혼하지만 나중에 변덕을 부려 파혼한다.

일류샤 *Ilusha* 병에 걸린 것이 계기가 되어 그의 친구들을 알료사와 친하게 만든 소년.

요시프 신부(조제프) *Father Iosif(Joseph)* 수도원의 사서.

칼가노프(표트르 포미치 칼가노프) *Kalganov(Pyotr Fomitch Kalganov)* 드미트리가 모크로에에서 벌인 파티에 참석한 친구.

카테리나(카챠) 이바노브나 *Katerina(Katya) Ivanovna* 드미트리의 약혼자. 드미트리는 카테리나를 버리고 그루셴카를 사랑하게 된다.

이폴리트 키릴로비치 *Ippolit Kirillovitch* 디미트리를 기소하는 검사.

콜랴(니콜라이 이바노비치 크라소트킨) *Kolya(Nikolay Ivanovitch Krassotkin)* 다른 소년들을 감화시키고 알료샤의 제자가 된 소년.

크라소트킨 부인(안나 표도로브나) *Madame Krassotkin(Anna Fyodorovna)* 콜랴의 어머니. 자식을 맹목적으로 사랑하는 과부.

리자베타 스메르쟈스챠야 *Lizaveta Smerdyastchaya* 카라마조프의 유혹을 받아 스메르쟈코프를 낳은 마을의 백치 처녀.

마카로프(미하일 마카로비치 마카로프) *Makarov(Mihail Makarovtich Makarov)* 지방경찰서 간부. 살인사건과 관련해 드미트리를 심문한다.

마르파 이그나치에브나 *Marfa Ignatyevna* 그리고리의 아내이며 카라마조프 가의 하녀 가운데 한 사람.

마리야 콘드라체브나 *Marya Kondratyevna* 드미트리의 집 여주인의 딸이며 스메르쟈코프를 사랑한다.

막시모프 *Maximov* 다른 사람들의 도움으로 살아가는 몹시 가난한 늙은 지주. 소설의 마지막 부분에 등장하는데, 특히 그루셴카의 도움을 많이 받는다.

미우소프(표트르 알렉산드로비치 미우소프) *Miusov(Pyotr Alexandrovitch Miusov)* 카라마조프의 첫째 부인의 사촌. 드미트리를 표도르로부터 데려가는 데 중심적인 역할을 했다.

무샬로비치 *Mussyalovitch* 그루센카의 옛 애인. 살인사건이 일어나던 날 밤에 돌아와 드미트리의 이상한 행동을 조장한다.

파이시 신부 *Father Paissy* 학식이 깊은 신학자. 알료샤를 위로하기 위해 애쓰는 조시마 신부의 헌신적인 친구.

표트르 일리치 페르호틴 *Fyotr Ilyitch Perhotin* 살인사건이 일어나던 날 밤 드미트리가 돈을 빌린 젊은 공무원.

미하일 오스포비치 라키틴 *Mihail Ospovitch Rakitin* 대단히 진보적인 선진 사상을 지녔다고 공언하는 젊은 신학생. 알료샤와의 우정을 배신한다.

삼소노프(쿠즈마 삼소노프) *Samsonov(Kuzma Samsonov)* 그루센카와 친하게 지낸 부유한 지주.

스네기료프 대위 *Captain Snegiryov* 일류샤의 아버지. 여러 차례 불운을 겪고 실패하여 극도로 가난해졌다. 표도르에게 보수를 받았다는 이유로 어느 날 밤 드미트리에게 구타당한다.

바르빈스키 *Varvinsky* 드미트리의 정신상태에 관해 증언한 지방 의사.

브루블레브스키 *Vrublevsky* 모크로에에서 술잔치가 벌어진 날 밤 무샬로비치와 동행한다.

조시마 신부 *Father Zossima* 수도원에서 존경받는 장로. 알료샤의 정신적 후견인으로 여러 가르침은 이 소설 속에 등장하는 모든 사상의 중심이 된다.

Chapter별
정리 노트

제 1 권

:줄거리 재회한 가족들의 갈등은 깊어지고

카라마조프. 러시아에서 널리 알려진 성이다. 이 성은 폭력에 대한 취향과 불가해한 슬라브적 열정을 내포하고 있다. 표도르 카라마조프에 관한 여러 가지 소문과 험담은 어느 정도 사실이다. 젊은 시절 표도르는 지독하게 방탕한 생활을 했다. 그의 음주벽과 사치스러운 생활은 악명이 높았다. 그는 만족을 모르는 듯이 보였다. 결혼도 그를 길들이지는 못했다. 형식만 갖춘 결혼에는 불미스러운 소문이 뒤따랐다. 그 소문은 예상된 멜로드라마적인 요소들 때문이 아니라 카라마조프의 생활방식에서 초래된 불가피한 결과였다. 당초 소문의 근원은 카라마조프의 결혼이 낭만적이었던 데 있다. 무일푼이었던 그는 어느 상속녀와 결혼했다.

아델라이다 이바노브나는 젊고 반항적인 남편을 신뢰했다. 그는 정신은 과감하고 불굴이었을지 모르나 새로운 부류의 개방적인 러시아 남성이었다. 그녀는 그 점을 확고하게 믿었다. 그리고 오랜 세월 그것을 믿으려고 애썼다. 그런데 그녀는 순수한 이상주의자와 결혼한 것이 아니라 항상 술에 취해 있고 신체적 학대를 가하는 기회주의자와 결혼했다는 현실에 맞닥뜨리지 않을 수 없었다. 그녀는 또 다른 불쾌한 진실에도 직면해야 했다. 임신을 했던 것이다. 사내 아기인 드미트리를 낳았다. 그녀는 종종 아기를 미챠라고 불렀다. 그녀는 남편의 부도덕한 생활을 더 이상 견딜 수 없게 되자 아들과 남편을 버리고 젊은 대학생과 도망쳤다.

카라마조프는 아내의 배신에 타격을 받아 비틀거리는 척했다. 그는 지나치게 신파조의 인간이었으므로 역겨운 비극배우처럼 아내의 가출을 한탄하며 오랜 기간 마차를 타고 지방을 돌아다녔다. 그러한 거짓된 태도를 과시하는 것이 싫증나자 방탕한 생활로 되돌아갔다. 아델라이다가 죽었다는 소식을 들을 때에는 만취상태로 술잔치를 벌이고 있었다.

버림받은 어린 드미트리는 마침내 어느 사촌이 데려갔고, 그 사촌이 드미트리에게 지치자 다른 친척들에게 보내졌다. 이리하여 아기는 여러 가정에서 성장했다. 그러나 아이는 아버지에 관한 이야기를 항상 들으며 자랐다. 즉 아버지가 아직 살아 있으며, 합법적으로 드미트리의 소유인 아델라이다의 재산 가운데 상당 부분을 차지하고 있다는 것이다. 소년은 토지와 돈에 관한 이런 이야기를 결코 잊지 않았고, 성년이 되자 아버지를 찾아가 유산에 관해 물었다. 물론 아버지로부터는 어떤 정보도 얻을 수 없었으나 소액의 돈을 받기 시작했고, 유산이 실제로 있다고 확신해 다시 찾아갔다. 아버지는 또 다시 아들의 질문을 회피했다.

그러나 카라마조프는 드미트리를 피할 수 있었을지 모르지만 다른 문제들은 그처럼 쉽게 피할 수 없었다. 예를 들면, 다른 아들 형제와 관련된 문제들이 그랬다. 친척이 드미트리를 데려가고 4년이 지난 뒤 카라마조프가 재혼했기 때문이다. 이번에 결혼한 소피야 이바노브나는 상당한 미인이었고 호색한인 카라마조프는 그녀의 미모와 순진한 성품에 매력을 느꼈다. 그는 소피야가 후견인의 바람을 거역하고 자신과 도망치도록 설득했다. 그리고 그녀의 온순한 성격을 재빨리 이용했다. 그는 품행이 불량한 여자들을 집안에 끌어들이기 시작했고 아내가 보는 가운데 방탕한 술잔치를 벌였다.

카라마조프가 잔인하고 타락한 생활을 계속했던 몇 년 동안 소피야

이바노브나는 이반과 알료샤 두 아들을 낳았다. 늙은 하인 그리고리는 그녀를 카라마조프로부터 보호하고 보살피기 위해 최선을 다했지만 소피야는 건강하지 못했다. 그녀는 오래지 않아 병에 걸려 세상을 떠났다. 과거 후견인이 그녀의 사망소식을 듣고 찾아와 이반과 알료샤 두 아이를 데려갔고, 나중에 죽으면서 아이들의 교육을 위해 각각 1,000루블씩을 물려주었다.

우수한 대학생으로 성장한 이반 카라마조프는 여러 잡지에 글을 기고하여 생활비에 보탰고 문단에서 차츰 유명해지기 시작했다. 그의 기사 가운데 하나는 교회 재판소의 역할을 다룬 것이었다. 그 글은 널리 관심을 끌었고, 고향 수도원에서조차 화제가 되었다. 카라마조프 가의 막내 알료샤는 독실한 종교인으로 성장했고, 현실에 바탕을 둔 신앙은 신비주의나 광신주의에 물들지 않았다. 그는 널리 사람들의 호감을 샀으며, 어느 누구도 비판하지 않았고, 모든 사람을 사랑하는 듯이 보였다.

알료샤가 아버지의 집으로 돌아와 형들을 만난다. 그는 드미트리와 이내 가까운 친구가 되지만 이반의 침묵과 지성에 당혹감을 느낀다. 알료샤는 아버지를 드러내놓고 사랑한다. 그는 아버지의 생활방식을 한 번도 비판하거나 나무라지 않았다. 알료샤는 항상 너그럽고 용서를 했으므로, 카라마조프는 알료샤가 수도승이 되어 유명한 장로 조시마의 제자가 되고 싶다고 말했을 때 놀라지 않았다. 공교롭게도 그 시대에는 장로들에 대한 평판이 좋지 않았다. "장로는 사람들의 영혼과 의지를 빼앗아 자기 영혼과 의지에 보탠다"는 소문이 떠돌았다. 그러나 장로 중에는 일상생활 속에서 경건한 생활을 몸소 실천함으로써 많은 추종자들을 모으는 경우도 많았다.

카라마조프 가의 가족이 다시 모이고 알료샤는 가족들의 재결합 이후에 깊은 걱정에 잠긴다. 드미트리와 아버지 사이의 불화가 깊어져 그들 가운데 한 사람, 아마도 아버지가 조시마 신부의 방에서 가족회의를 열자는 의견을 내는 지경에 이르렀다. 조시마의 방에서 화해에 나선 장로의 영향력 아래 그들의 의견 차이를 논의해 보자는 것이었다. 형들과 아버지를 잘 알고 있는 알료샤는 이 가족회의에 대해 크게 걱정한다.

: 풀어보기

〈카라마조프 가의 형제들〉은 종종 세계에서 가장 복잡한 소설의 하나로 간주되었다. 도스토예프스키는 인생의 다양한 면을 세밀히 검토하고 항구적인 중요성을 지닌 수많은 문제들을 고찰한다. 그는 이 소설에서 그 같은 검토와 연구에 성공한다. 왜냐하면 소설의 방대한 규모와 분량 덕분에 작가는 자신의 생각을 소개하고 발전시키는 속도를 늦출 수 있었기 때문이다. 또한 이 소설이 위대한 이유 가운데 하나는 도스토예프스키가 너무나 다양한 요소들을 하나의 큰 그릇에 담는 방식에 있다.

도스토예프스키는 복잡한 정신과 중심인물들의 뒤얽힌 배경을 19세기의 한가로운 방식으로 소개하면서 이 소설을 시작하지만 이어서 즉각적으로 소설의 분위기를 설정한다. 이 소설의 미스터리적 요소, 다시 말해 카라마조프의 '음울하고 비극적인 죽음'을 발표한 다음 비극의 요소들, 특히 카라마조프의 비극을 상세히 규명하기 시작하는 것이다.

카라마조프는 상스럽고 속물적이며 심성이 나쁜 완전히 타락한 인간으로 묘사된다. 그의 '비극적 죽음'은 아들들이 그의 죽음에 연루되었기 때문에 비극적인 것으로 드러날 뿐이지 카라마조프라는 인물이 비극적인 감정을 불러일으키기 때문이 아니다. 후반부에 나오는 재판 장면에서 이 살인이 진정한 의미에서 아버지 살해가 아니라는 점이 실제로 지적된다. 표도르 카라마조프는 아버지로서의 합당한 역할을 한 번도 하지 않았기 때문이다. 도스토예프스키는 이 개념을 뒷받침하기 위해 소설의 출발부터 살해될 사람의 사악함과 속물적인 품행을 보여준다.

카라마조프는 자식들을 증오나 악의 때문에 버린 것이 아니다. 단순히 자식들의 존재를 잊었다. 뿐만 아니라 낯선 사람들이 찾아와 아이들을 데려가서, 그를 책임으로부터 벗어나게 할 때마다 기뻐했다. 이리하여 그는 모든 정력을 방탕한 생활에 쏟을 수 있었다. 소설 전체에서 주류를 이루는 도스토예프스키의 개념들 가운데 하나는 사회 속에서 아이들이 차지하는 지위에 관한 것이다. 이 주제는 표도르가 자식들을 대하는 방식을 다룬 장에서 처음 제시된다.

2장에서 도스토예프스키는 드미트리가 '표도르 파블로비치의 세 아들 가운데에서 자기 재산이 있기 때문에 성년이 되면 독립하겠다고 생각하면서 성장한 유일한 아들'이라고 우리에게 말한다. 이 개념은 아버지와 아들 사이에 존재하는 적개심의 원천이 되기 때문에 소설의 초반에 설정된다. 도스토예프스키는 아버지가 아들을 속인 진상의 전모에 관해 직접적인 언급을 조심스럽게 회피하지만 작가가 아버지를 묘사하는 방식에 의해 표도르가 실제로 드미트리를 속여 유산의 많은 부분을 횡령한 것으로 추정할 수 있다. 세 아들 중에서 드미트리는 아버지가 극도로 싫어하는 유일한 아들이라는 점 또한 주목할 가치가 있다. 이는 쉽게 설명된다. 다른 두 아들은 아버지에게 금전적인 요구를 하지 않는다. 오직 드미트리만 유산을 요구한다.

도스토예프스키는 카라마조프의 성격적 특징을 상세하

게 묘사한 뒤 다음 몇 개의 장은 자식들인 카라마조프 형제들에 대한 설명에 할애한다. 그는 상상 가능한 한도 내에서 완전히 서로 다른 인간성을 가진 형제들을 묘사한다.

　드미트리는 극단적인 감각주의자이자 감정적인 아들로 성장한다. 그는 교육을 마치지 않았다. 대신 군대에 들어가 장교가 된다. 그러나 무절제해서 오래지 않아 결투를 벌여 강등되었다가 나중에 진급된다. 그의 행동과 감정은 유동적이고 기복이 심하다. 예를 들어 아버지는 본능적으로 싫어하지만 동생 알료샤와는 금방 친해진다. 기분에 따라 쉽게 움직이며, 성격이 불같고 거칠다.

　반면에 이반은 냉철한 지식인이다. 어릴 때 학업에 취미를 붙인 그는 공부에 비범한 재능을 가졌다. 자부심이 매우 강하고 어린 시절에 공부를 할 수 있었던 것은 다른 사람들 덕분이라는 것을 항상 의식한다. 그러므로 생활비를 벌기 위해 가급적 빨리 평론을 쓰기 시작했고, 고향 마을에 가기 앞서 교회 재판소에 관한 글을 잡지에 게재했다. 이 글은 널리 읽히고 논쟁의 대상이 된다. 또한 이 글은 제2권에서 수도승들과 이반 사이에 벌어진 대화의 주제가 된다.

　두 형에 비해 알료샤는 이반의 자부심이나 드미트리의 불같은 성격은 갖지 않았다. 그는 모든 사람의 가장 좋은 점만 보려고 항상 노력하며, '그저 인류를 원초적으로 사랑하고,' 모든 사람들을 절대적으로 신뢰하며, 다른 사람들을 결코 판단하지 않는다. 그러나 겸손한 모습 속에는 인간의 수많은 미묘한 차이점들을 감지하고 꿰뚫어보는 이해력이 존재한다. 물론 알료샤는 신앙심이 깊지만 자기 신앙을 기적에 바탕을 두는 광신도는 아니다. 논리적 사고를 통해 영생과 하느님에 관한 신앙에 도달한 완전한 현실주의자다.

도스토예프스키는 세 아들의 성격을 설명하면서 신앙과 불신 사이의 갈등이란 중심 주제를 소개한다. 알료샤와 이반은 신앙의 양극단을 상징하며, 두 형제가 처음에 친해지지 지 않은 것은 극히 당연하다. 그러나 알료샤는 이반의 문제를 이해할 정도의 지각력을 갖추고 있다. 그는 '이반이 마음속에서 어떤 중요한 그 무엇, 어쩌면 이루기 매우 힘든 어떤 목표를 향해 노력하고 있으며, 그를 배려하지 않는 것은 그 때문'이란 것을 안다. 이반은 신앙 및 영생의 개념과 영원히 싸울 것이며, 이 싸움이 이 소설의 가장 극적인 부분의 하나를 이루게 된다. 그에 비해 드미트리는 천천히 신앙인으로 변해 갈 것이다. 드미트리와 알료샤는 처음부터 가까운 친구가 된다.

도스토예프스키는 모든 작품 속에서 행동심리학에 관심을 기울였다. 특히 상충되는 행동의 속성에 흥미를 가졌다. 그러므로 등장인물들 가운데 다수는 그들의 성격과 맞지 않는 듯한 행동을 한다. 도스토예프스키는 특정한 방식으로 행동하는 사람이 천성과 반대되는 듯한 행동을 종종 하게 되는 이유를 이해하려는 시도로 이 개념을 빈번하게 면밀히 검토한다.

예를 들어, 표도르의 성격을 묘사하면서, 그가 첫 번째 아내의 묘를 찾아가서 그녀에 관한 기억으로 인해 큰 감동을 받고는 영혼천도를 위해 수도원에 1,000루블을 기부하는 것을 보여준다. 평소 돈에 그토록 인색하고 하느님에 대한 신앙을 표현하지 않는 사람이 보인 이런 행동은 기묘한 모순이다. 도스토예프스키는 '갑작스러운 감정과 생각에 의한 기묘한 충동적 행동은 그런 유형의 인물들에게 흔하다'는 견해를 밝힌다. 나중에 작가는 표도르가 '사악하고 감상적'이라고 쓴다. 반대되는 행동에 관한 문제를 도스토예프스키는 결코 해결할 수 없었음에도 불구하고 이 문제는 이 소설의 많은 부분을 차지하며 독자는 그것에 대한 탐구에 주목할 필요가 있다.

조시마를 소개하면서 제1권이 끝난다. 장로에 관한 간략한 소개는 이야기 전환을 위한 장치다. 조시마가 다음 부분에서 중심무대를 차지할 것임을 독자는 알아둘 필요가 있다. 그는 정력적인 카라마조프 가문에서 한 사람을 제외한 모든 사람과 대칭을 이루기 때문에 그의 역할은 중요하다. 그는 수동적인 인물이지만 알료샤의 여러 가지 결정적인 행동에 영향을 미치고, 따라서 소설의 진로를 좌우한다. 도스토예프스키는 장로라는 인물을 통해 거의 완벽한 인간을 제시하려고 시도하며 성격묘사는 설득력을 발휘한다. 실제로 알료샤는 장로의 성품에 크게 감복하여 조시마가 죽었을 때 자신의 여러 가지 신념에 잠시 회의를 느낀다. 알료샤는 조시마가 죽은 후 수도원에 유례없는 영광을 가져올 것이라고 확신한다. 죽음은 그렇게 단순한 경우가 드물다. 조시마의 시체가 너무나 빨리 부패한 사실이 알료샤에게 무거운 부담이 되고, 하느님의 정의의 정당성에 의문을 제기하고 싶은 유혹을 갖게 한다.

제 2 권

Chapters 1-4

 조시마 신부에게 중재를 청하다

카라마조프 가족과 조시마 장로가 회의를 열기로 예정한 날 표도르와 이반은 드미트리의 후견인이었던 미우소프와 미우소프의 친척 칼가노프와 함께 수도원에 도착한다. 그러나 드미트리는 수도원에 도착하지 않았으며, 과연 그가 올 것인지 사람들이 궁금해 한다. 그가 바로 전날 통보받은 것은 분명하다. 회의는 다소 신비스런 분위기 속에 시작된다.

아주 늙은 수도승 한 명이 나와 손님들을 맞은 후 조시마 신부의 방으로 안내한다. 그 늙은 수도승은 면담이 끝난 후에 모든 손님이 수도원장의 점심식사에 초대를 받았다고 말한다. 그러나 그들은 먼저 조시마를 기다려야 한다.

오래 걸리지 않았으나 미우소프는 한없이 기다리는 듯이 느껴진다. 그는 표도르 카라마조프가 수도원 생활에 관해 내뱉는 거친 농담에 점점 짜증이 나는 것을 참을 수 없다.

마침내 조시마 신부가 알료샤와 다른 두 명의 수도승, 그리고 수도원의 보호 아래 살고 있는 신학생 라키틴과 함께 도착한다. 수도승들은 조시마에게 절을 하고 그의 손에 입을 맞춘 다음 축복을 받는다. 그러나 손님들은 장로에게 정중하게 절만 한다. 가족의 냉담한 태도에 심한 당혹감을 느끼는 알료샤는 몸을 떤다. 그는 회의가 재앙으로 변하지 않을까 그 어느 때보다 걱정한다.

　카라마조프는 드미트리가 오지 않은 것을 사과하고는 불안한 표정으로 추잡한 이야기들을 지껄이기 시작한다. 이런 행동에 알료샤는 더욱 심한 당혹감을 느낀다. 실제로 장로를 제외한 모든 사람이 괴로워한다. 긴장이 고조되는 가운데 카라마조프는 당대의 풍속에 따라 무릎을 꿇고 장

로에게 "나는 영생을 얻기 위해 무엇을 해야 합니까?"라고 묻는다. 카라마조프가 아직도 도를 지나친 광대놀음을 하고 있는 것인지는 분간하기 어렵다. 모두들 입을 다물고 있는 가운데 조시마만 기탄없이 말을 한다. 장로는 카라마조프에게 거짓말을 중단해야 한다고 말한다. 무엇보다 자기 자신에게 거짓말하는 것을 멈춰야 한다고 당부한다. 표도르는 처음에는 이 충고에 감명을 받지만 이어 농담과 광대놀음을 다시 시작해서는 조시마가 양해를 구하고 자리를 뜰 때까지 멈추지 않는다. 장로는 수도원 밖에 모여 있는 신도들을 만나야 한다.

바깥에 있는 사람들은 대부분 여자 농민들이다. 부자들을 위해 한 쪽에 준비된 대기석에는 호흘라코프 부인과 신체가 일부 마비된 딸 리제가 장로의 축복과 자기네 문제에 대한 조언을 들으려고 기다리고 있다. 조시마는 여자 농민들 사이를 걸어가며 그들의 문제를 듣고, 조언하고, 하느님 사랑의 치료효과를 강조한다. 그는 말한다. "사랑은 무한한 가치를 지닌 보물입니다. 여러분은 그 사랑으로 세상을 구원할 수 있고, 여러분 자신의 죄뿐만 아니라 다른 사람들의 죄 사함을 받을 수 있습니다."

자기 차례가 되자 호흘라코프 부인은 신앙심 부족으로 고통받고 있다고 고백한다. 그녀는 기독교의 영생개념이나 사후의 모든 생활유형을 이해할 수 없다고도 한다. 뿐만 아니라 자선행위를 할 경우 그로 인한 감사와 찬사를 받고 싶다고 말한다. 조시마는 적극적이고 정직한 사랑을 베풀면 하느님과 자기 영혼의 영생을 점차 이해하게 될 것이라고 말한다. 그는 그녀에게 이렇게 조언한다. "이웃을 사랑하여 완전히 자신을 잊게 되는 경지에 도달하면 의심 없이 믿게 될 것입니다." 면담을 마친 후 조시마는 알료샤를 리제에게 보내 만나도록 하겠다고 호흘라코프 부인에게 약속한다.

　　제2권은 대부분 조시마와 그의 가르침에 대한 연구에 할애된다. 성자에 가까운 조시마는 수도사인 알료샤의 모든 행동에 영향을 미친다. 따라서 카라마조프 가의 막내 알료샤를 완전히 이해하려면 알료샤가 열정적으로 추종하는 조시마를 이해해야 한다.

　　조시마는 인생과 타협한 것으로 보인다. 그는 완전한 만족과 이해 속에서 살고 있다. 그는 기본적으로 과묵하고 내성적인 사람이다. 예를 들면, 표도르 카라마조프의 광대놀음에도 동요하는 모습을 보이지 않는다. 그는 조용히 카라마조프, 그리고 자신과 이야기하는 모든 사람의 성격을 깊이 들여다본다. 그는 카라마조프가 의도적으로 과장된 행동과 광대놀음을 하고 있다는 것을 안다. 나중에 만난 호흘라코프 부인은 자신의 솔직한 태도를 장로가 인정해 주기를 원하기 때문에 고백하는 것이란 사실을 안다. 조시마 신부의 위대함은 인류에 대한 깊은 이해, 인간의 각종 행동을 유발하는 심리적 요인들, 그리고 동기들을 파악하는 능력에 있다. 그러므로 장로의 조언은 유난히 건전하다.

　　극도로 겸손한 태도를 유지하는 조시마는 독특한 위엄을 지니고 있으며, 방문객은 그를 만나는 즉시 그의 태도에 감명을 받는다. 그에 비해 알료샤는 카라마조프 가 사람들이 장로의 축복을 청하지 않자 당황하지만 조시마는 내색하지 않는다. 단지 그는 손님들에게 자연스럽고 편안하게 행동할 것을 당부한다. 장로는 카라마조프 가 사람들의 존경심과 분별력 없음을 불쾌해 하지 않는다. 그의 지혜는 인생의 모든 면을 포괄하고 있다.

전반적으로 조시마의 철학은 부정적인 것보다는 긍정적인 것에 기반을 두고 있다. 그러나 조시마가 카라마조프에게 부정적인 용어를 사용해 만취와 무절제, 육체적 욕망에 저항하고 돈의 가치를 실질적으로 존중하라고 말하기 때문에 긍정적 측면이 즉각 명확하게 드러나지 않는다. 그러나 조시마는 카라마조프에게 철저히 긍정적인 인생관도 권고한다. 이러한 단순한 발언으로 인해 독자는 도스토예프스키가 지나치게 단순한 작가라고 오판해서는 안 된다. 실제로 극도의 단순함은 조시마가 살아가는 방식의 열쇠다. 그의 철학은 단순함을 바탕으로 한다. 그 단순함은 매우 기초적이어서 단 두 가지 개념으로 이루어진다. 즉 사랑의 가치, 정직과 자기존중의 가치가 그것이다.

조시마는 표도르에게 말한다. "무엇보다도 자신에게 거짓말을 하지 마십시오. 자신에게 거짓말을 하고 자신의 거짓말을 듣는 사람은 결국 자신의 내부와 주변의 진실을 구분하지 못하게 되고, 따라서 자신과 타인에 대한 모든 존경을 잃게 되는 지경에 이르게 됩니다." 나중에 조시마는 호흘라코프 부인에게, 남을 감동시키기 위한 말만 하는 한 구원을 받을 수 없다고 말해 준다. 그는 여인에게 말한다. "무엇보다도 거짓, 모든 종류의 거짓, 특히 자신에 대한 거짓을 피하십시오." 조시마는 사람이 자신에게 철저히 정직하면 자기 내부의 사악함을 평가해 모든 사악한 경향을 극복할 수 있지만 부정직하면 착하고 올바른 충동을 감지할 수 없으며, 그 결과 자신을 더 이상 존중할 수 없게 되고 카라마조프처럼 우스꽝스러운 광대 짓을 하게 된다고 확신한다. 때가 되면 그런 사람은 인간적 품위를 잃고 자신이나 남들에게 아무런 가치가 없는 사람이 된다.

조시마가 사랑을 높이 장려하는 것은 정직과 관련된 철학의 중심을 이룬다. 사람이 자신을 더 이상 존중하지 않을 경우 사랑도 중단하게 되고, '욕망과 추잡한 쾌락에 열중하는 짐승의 본능 속에 빠진다.' 인간은 인생에 활기를 불어넣는 평화를 갈망하며, 오직 사랑을 통해서만 이것을 얻을 수 있다고 조시마는 믿는다. 이는 조시마가 여자 농민들에게 가르친 기본적인 교훈이다. 그는 다음과 같은 권고를 한 다음 여자 농민들을 집으로 돌려보낸다. "사랑은 대단히 귀중한 보물이기 때문에 모든 세상을 구원하고 자신의 죄뿐만 아니라 남들의 죄도 속죄할 수 있습니다." 영생이란 개념을 이해하기 힘든 호흘라코프 부인에게 조시마는 말한다. 사람은 '적극적인 사랑 체험을 통해' 사후(死後)의 생활을 확신할 수 있다. "이웃을 끈기 있게 적극 사랑하도록 노력하십시오. 사랑에서 발전을 이루게 되면 하느님과 당신 영혼의 영생의 진실을 확신하게 될 것입니다." 하느님의 사랑과 개인의 사랑에 완전히 헌신하면 그 사람은 아무 의심 없이 영생을 믿는 법을 배울 수 있다고 조시마는 결론짓는다. 조시마의 말이 표면적으로는 간단해 보일지 모르나 그 발언은 대부분 예수의 가르침을 반영하며, 알료샤가 본받으려고 노력하는 개념들을 반영한다. 소설의 나머지 부분에서 알료샤는 조시마의 사랑의 개념을 실천하려고 시도한다. 그는 모든 사람들을 사랑으로 대하며 누구에게도 적개심을 품지 않는다. 자신을 조롱하는 어린아이들이나 그를 괴롭히는 데 즐거움을 느끼는 리제에게조차도 반감을 품지 않는다. 뿐만 아니라 조시마는 알료샤가 자신의 모든 가르침을 실천에 옮길 능력을 가진 사람이란 것을 안다. 카테리나가 만나자는 쪽지를 알료샤에게 보내고, 알료샤가 리제를 찾아가서 만나야 한다는 것을 장로는 알고 있다. 이러한 요청들이, 알료샤를 수도원보다는 세상 속에서 살도록 내보내려는 장로의 결정을 뒷받침하는 이유다.

Chapters 5-8

 교회의 재판권을 주장하는 이반

조시마 신부와 알료샤가 장로의 방으로 돌아왔을 때 이반이 두 명의 수도승과 교회재판의 위상에 관한 자기 평론에 관해 토의하고 있다. 그는 국가와 교회의 분리에 반대한다. 그 주된 이유는 범죄자에 대한 처벌이 필요할 때 대중이 처벌의 집행을 국가에 의존할 필요가 없기 때문이라고 설명한다. 이반은 교회가 범죄자를 처벌하고 파문할 권한을 가지면 범죄의 건수가 줄어들 것이라고 말한다. 조시마 신부는 어느 정도는 동의하면서도 유일한 효과적 처벌은 '양심에 의한 범죄 인식'에 있다고 지적한다. 장로에 따르면, 교회는 범죄자를 처벌할 실질적 권한이 없으므로 '스스로' 물러나 '도덕적인 유죄 선고의 힘'에 의존한다는 것이다. 토의가 계속되지만 뜻밖에 드미트리가 방 안으로 들어오면서 대화는 중단된다.

드미트리는 극도로 흥분한 채 숨을 가쁘게 몰아쉬면서 회의시간을 부정확하게 전달받았다고 설명하며 늦은 것을 사과한다. 이어 그는 앞으로 나가 조시마 신부의 축복을 받고 뒷자리에 조용히 앉는다. 토론이 다시 시작되자 이반은 영생과 미덕에 관한 자신의 여러 가지 견해를 상세히 설명하기 시작한다. 그러나 미우소프가 끼어들며, 영생이 존재하지 않을 경우 세상에 미덕이 존재할 이유가 없다는 이반의 가정에 반대한다. 드미트리는 동생의 이론을 듣고 깊은 불안을 느낀다. 영생이 없으면 모든 범죄자들이 두려움 없이 범행을 저지를 것이라는 주장에 특히 불안해 한다.

　이반과 두 수도사가 입을 다물자 표도르가 초조한 태도로 추잡한 농담을 다시 시작하고 드미트리에게 모욕을 주기 시작한다. 특히 그가 카테리나 이바노브나와 인습을 따르지 않는 처녀 그루센카와 이중관계를 맺고 있다고 비난한다. 드미트리는 표도르가 질투 때문에 추잡한 말을 한다고 대꾸한다. 그 역시 그루센카에게 홀려 있었다! 말다툼이 더욱 거칠어지고 모든 사람이 극도로 당황할 때 갑자기 조시마 신부가 자리에서 일어나 드미트리의 발 앞에 무릎을 꿇는다. 그리고는 말없이 자기 방으로 물러간다. 모든 사람이 이 수수께끼 같은 행동의 의미를 몰라 혼란스러워한다. 수도원장과 점심식사를 하러 가기 위해 장로의 방을 떠나면서 사람들은 신부의 행동에 관한 각자의 의견을 이야기한다. 그러나 일행과 함께 갈 수 없는 사람이 하나 있다. 표도르는 너무나 혼란스러워 그냥 집으로 가겠다고 말한다.

알료샤가 조시마 신부와 함께 그의 방으로 들어갔다가 그가 수도원을 떠나야 한다는 말을 듣는다. 어린 카라마조프가 세상에 나가는 것이 장로의 소망이다. 알료샤는 조시마의 요구를 이해하지 못한다. 그는 수도원에 머물기를 바란다. 무엇보다도 조시마가 중병을 앓고 있다는 사실을 알기 때문이다. 그는 가급적 가까이서 장로를 모시고 싶다.

수도원장 관사로 가는 동안 알료샤와 라키틴은 조시마가 드미트리 앞에 경건하게 절한 것을 놓고 의견을 나눈다. 라키틴은 그 절이 카라마조프의 집이 곧 피바다가 되리란 것을 장로가 감지했음을 의미한다고 말한다. 사람들은 그 절을 기억할 것이며, 조시마가 카라마조프 가의 비극을 예견했다고 말할 것이라고 주장한다. 라키틴은 카라마조프 가를 헐뜯는 말을 하고, 알료샤에 대한 그루센카의 계획을 언급하며 계속 놀린다. 라키틴이 왜 그러는지 알지 못하는 알료샤는 순진하게도 그루센카가 라키틴의 친척이라고 말한다. 그가 그런 관계를 부인하고 몹시 화를 내자 알료샤는 놀란다.

한편, 표도르는 마음을 바꿔 점심식사에 합석한다. 그는 참석자 전원에게 심한 신경질을 부린다. 그는 얼토당토않은 우스꽝스러운 비난을 하며 영생과 수도사들과 장로들의 위선에 관해 천박한 장광설을 늘어놓는다. 이반은 마침내 아버지를 마차에 간신히 태우지만 여전히 수그러들지 않는다. 그들이 떠날 때 카라마조프는 알료샤에게 큰소리로 수도원을 떠나라고 말한다.

한 소설에서 등장인물이 피력하는 견해는 그의 기본적인 자질을 보여준다. 작가가 이용할 수 있는 다른 어떤 장치보다 인물의 자질을 철저히 보여주는 것이 그 인물의 견해인 것이다. 예를 들어, 앞의 여러 장에서 이반의 성격은 그가 언급하는 다양한 개념을 통해 드러난다. 특히 교회재판 및 교회와 국가 사이의 관계에 대한 견해에서 뚜렷이 나타난다.

대다수 사람들과 달리 이반이 교회와 국가의 분리에 반대하는 것은 교회가 범죄자들을 다룰 권한이 없다는 이유 때문이 아니다. 사실 이반은 기독교적 의미에서 불신자이지만 현실적으로 러시아에서 발생하는 방대한 건수의 범죄가 단순한 해결책에 의해 억제될 수 있다고 믿는다. 그는 모든 형사처벌 절차에서 국가가 교회를 도구로 이용해야 한다고 믿는다. 그는 범죄자들이 너무나 편한 처지에 놓여진다고 생각한다. 예를 들어 절도범은 도둑질을 할 때 교회에 대해 범죄를 저지른다고 생각하지 않는다. 왜냐하면 교회가 그를 처벌하지 않기 때문이다. 그러나 교회가 국가 속에 포함될 경우 모든 범죄는 자동적으로 교회에 대한 거역이 된다. 만약 범죄자가 파문 위협을 받으면 범죄는 사실상 존재하지 않게 될 것이다.

이반은 교회와 국가에 대한 견해 외에도 영생의 위력을 극도로 강조한다. 영생이 없을 경우 인간은 덕을 행할 필요가 없다는 것이다. 영생이 없으면 인간은 영원한 처벌을 두려워하지 않게 되므로 어떤 범죄라도 저지를 수 있다는 것이다. 결과적으로 영생에 대한 믿음은 잠재적 범죄자를 억제하고 범죄자가 사회에 거역하는 각종 범죄를 저지르지 않도록 막는다는 것이다. 그러나 영생이 없으면 범죄자는 범행에 대한 양심의 가책을 느끼지 않을 것이다. 그처럼 극단적인 견해들은 나중에 이반이 느끼는 대다수 심리적 갈등의 중심에 자리 잡게 되고, 카라마조프의 죽음에 뒤이어 제시되는 새로운 개념들과 타협하게 된다.

이반과 논쟁을 벌이지 않고 있던 조시마 신부는 이반이 말을 끝내자 그의 내면의 자아 속으로 뚫고 들어가 그가 신앙 문제로 고민하고 있다는 것을 감지한다. 자신이 실제로 영생을 불신하는지 여부조차 이반이 모를 가능성이 있다는 것을 장로는 알아차린다. 어쩌면 이반은 단지 역설적인 사람일지 모른다. 조시마 신부의 이러한 통찰은 인간본성에 대한 비범한 이해력을 보여준다. 물론 나중에 이반은 신앙과 불신의 진퇴양난에 빠진 결과 광기발작을 일으키게 된다.

소설 초반에서는 조시마 신부의 인도주의와 사랑의 치유력에 대한 단순한 믿음이 강조되었다. 이제 또 다른 중요성이 추가된다. 이 여러 장에서 우리는 조시마가 지적인 주장을 손쉽게 내세울 수 있다는 것을 본다. 그는 단순한 신비주의자가 아니다. 이반의 회피에 지혜롭게 맞설 수 있는, 적극적이고 기민한 사고의 소유자다. 또 조시마 신부의 범죄자에 관한 견해는 사랑의 힘에 관해 앞서 제시된 그의 몇몇 개념을 뒷받침한다. 그는 범죄자에 대한 최악의 처벌은 그가 '양심에 의해 죄를 인식하는 것'에 있다고 생각한다. 그에 따르면, 국가는 범죄자를 처벌할 수 있지만 물리적인 처벌은 사람을 갱생시키거나 미래의 범죄를 막지 못한다. 범죄자는 기독교 사회의 아들로서의 잘못된 행동이 범죄란 점을 깨달아야 한다는 것이다. 오직 이러한 인식을 통해서만 범죄자는 억제될 수 있다.

인간의 본성에 관한 조시마 신부의 깊은 이해는 이반도 인정한다. 왜냐하면 토론이 끝난 뒤 앞으로 나가 장로의 축복을 받기 때문이다. 그가 처음 조시마의 방을 찾았을 때 장로에게 인사를 하거나 축복을 받기 위해 앞으로 나가지 않은 것을 독자는 기억할 필요가 있다.

조시마의 절은 드미트리의 천성에 대한 장로의 직관적인 이해의 일부로 설명할 수 있다. 그는 드미트리가 가늠할 수 없는 고통을 겪지만 기본적 천성은 존경할 만하다는 것을 안다. 또 다른 사람들과 달리 드미트리가 신부의 방에 도착하자마자 앞으로 나가 신부의 축복을 받은 사실을 기억해야 한다. 조시마는 이런 행동에 주목했고, 이어 드미트리가 영생과 영생-범죄의 관계에 관한 이반의 이론을 듣고 크게 당혹스러워하는 것을 분명히 알아차린다. 조시마는 커다란 사랑과 커다란 고통과 궁극적으로 커다란 구원을 드미트리에게서 본다.

카라마조프의 지극히 천박한 행동은 도스토예프스키가 추구하는 목적에 의해 가장 잘 설명된다. 작가는 극도로 혐오스러운 방탕한 인간의 초상을 그려내고 있다. 사람들은 그런 인간에게 동정심을 느낄 수 없다. 작가는 이런 방식으로 노인의 살인에 수반되는 참혹성의 많은 부분을 순화시킨다.

　　우리는 제2권에서 그루셴카에 관한 얘기를 처음으로 듣는다. 예를 들면, 그녀가 젊은 알료샤를 삼켜버리고 싶다는 말을 공공연히 한다는 이야기를 듣는다. 그러나 이러한 이야기들은 소문이다. 우리가 마침내 만나게 되는 이 인물에 관한 소문은 다양하다.

제 3 권

Chapters 1-5

 드미트리, 카테리나와 약혼하지만…

오래 전 카라마조프 가의 하인 그리고리와 마르파 사이에서 손가락이 여섯 개인 아기가 태어났다. 아기는 2주밖에 살지 못했고, 죽은 아기는 즉시 버려진 아기와 바뀌었다. 버려진 아기는 매우 기이한 상황에서 발견되었다. 그리고리는 아기를 매장하던 날 밤 마당에서 아기 울음소리를 들었다고 생각했다. 마당을 살피다가 죽어가는 젊은 여자와 그녀 옆에 누워 있는 갓난아기를 발견했다. 아기 어머니는 별명이 '악취 나는 리자베타'인 백치처녀였다. 그러나 혐오스러운 호칭에도 불구하고 정신이 박약한 이 무해한 부랑아를 마을 사람들 대부분이 좋아했다. 많은 사람들이 백치처녀에게 음식과 옷을 주었다. 리자베타는 마을의 길 잃은 애완동물처럼 자랐다. 마을 사람들은 그녀가 임신한 사실을 알았을 때 극도로 분노했다. 말조차 제대로 하지 못해 임신시킨 남자의 신원을 밝힐 능력이 없는 나약한 백치처녀를 성추행한다는 것은 생각조차 할 수 없는 일이었다. 그러나 아기 아버지에 관한 여러 가지 소문은 마침내 한 사람의 용의자에게 집중되었다. 표도르였다. 한편, 아기는 그리고리와 마르파가 입양했다. 두 사람은 아기에게 표도르가 지은 스메르자코프란 이름을 붙였다.

수도원을 떠난 후 알료샤는 카테리나 이바노브나가 드미트리를 불명예로부터 구해내려고 애쓴다는 사실을 알면서도 그녀와 만나는 것이 점점 두려워지는 것을 깨닫는다. 그러나 그는 그녀와 만나겠다고 약속했기 때문에 출발한다. 그는 지름길로 카테리나의 집으로 가다가 드미트리를 만나자 발걸음을 멈춘다. 형은 모든 고민을 알료샤에게만 말할 수 있다고 하면서 이야기를 나누자고 우긴다. 드미트리는 즉각 자신의 비천한 행동과 호색행각을 고백하기 시작한다. 그는 과거행적을 고통스럽게 설명한다. 특히 비열한 습관에 관해 자세히 이야기한다. 타락의 가장 깊은 구렁텅이

에 빠질 때마다 쉴러의 시 "환희의 찬가"를 즐겨 낭송한다고 말한다. 그는 자신의 무책임한 장교생활을 알료샤에게 이야기하고, 카테리나 이바노브나와의 첫 만남을 설명한다. 처음 만난 당시 부대 사령관의 딸이었던 그녀는 자부심 강하고 아름다운 처녀였다. 그녀는 한동안 드미트리의 존재를 무시했고 적절한 거리를 두었다. 그러나 그녀의 아버지가 4,500루블을 빌려준 어느 악당에게 채무상환을 거부한 사실을 알게 된 드미트리는 그녀의 아버지가 체포당하기 직전이란 사실을 알리는 쪽지를 그녀에게 보냈다. 그녀가 그의 방으로 올 경우 그 대가로 그 돈을 빌려주겠다고 말했다. 그런 곤경을 이용해 자부심 강하고 아름다운 카테리나를 유혹하고 싶었던 것이다.

카테리나가 도착했을 때 드미트리는 갑자기 마음을 바꾸었다. 그는 겁먹은 아름다운 처녀 앞에서 악당 노릇을 한다는 생각이 들어 그녀를 이용할 생각을 버리고 돈을 주었다. 그녀는 마룻바닥에 머리가 닿도록 절을 한 다음 뛰어나갔다. 그리고 얼마 후 아버지가 죽고, 그녀는 먼 친척으로부터 거액의 유산을 물려받은 그녀는 드미트리에게 돈을 돌려주고 나서 결혼을 제의했다. 그는 동의했다. 그는 그 같은 약혼배경을 알료샤에게 설명한다.

약혼한 뒤 드미트리는 아버지의 마을로 돌아와 그루센카에게 미친 듯이 반하게 되었다. 그러나 카테리나는 드미트리에 대한 험담을 많이 들었음에도 불구하고 정절을 지켰고 그에게 계속 헌신했다. 한번은 그녀가 3,000루블을 그에게 맡기면서 그녀의 이복자매에게 전달해 줄 것을 부탁했다. 드미트리가 밤샘 술잔치에 그 돈을 탕진한 것은 그다운 행동이었다. 그날 밤 함께 잔치를 벌인 사람은 그루센카였다. 이제 드미트리는 카테리나에 대한 사랑의 짐을 더 이상 견딜 수 없다. 그는 알료샤에게 자기를 이해해 주고 카테리나를 찾아가 파혼을 권유해 달라고 부탁한다. 그는 동생에게 한 가지 더 부탁을 한다. 알료샤에게 아버지를 찾아가 카테리나에게 진 빚을 갚을 3,000루블을 요청하라고 하면서, 아버지에게는 그만한 돈이 있다고 힘주어 말한다. 그루센카가 밤을 함께 지내면 줄 요량으로 표도르가 봉투에 3,000루블을 넣어두었다는 사실을 드미트리는 알고 있다.

·풀어보기

　　이 부분에서 우리는 카라마조프 가의 하인들에 관한 정보를 많이 얻는다. 이렇게 철저하게 설명하는 것은 불필요한 노력이 아니다. 이 하인들은 카라마조프의 피살에 중요한 역할을 하게 되므로 잘 알아두는 것이 좋다. 예를 들어, 그리고리는 의지가 굳고 고집이 센 사람이다. 도스토예프스키는 이렇게 설명한다. "일단 어떤 이유에서건 자신의 견해가 옳다고 믿게 되면 세상에서 그의 마음을 바꿀 수 있는 것은 아무것도 없다." 결과적으로 드미트리의 재판에서 이 늙은 하인이 피고에게 불리한 증거 몇 가지를 제시한다. 독자는 이 하인의 증거가 거짓임을 알고 있지만 그는 결코 진술을 번복하지 않는다.

　　도스토예프스키는 그리고리의 성격 이외에 알료샤와 아버지의 관계도 다룬다. 그는 말한다. "알료샤는 아버지가 과거에 알지 못했던 무언가를 가지고 왔다. 표도르를 조금도 멸시하지 않고, 항상 친절하며, 대접받을 가치가 조금도 없는 노인에게 완전히 자연스럽고 거짓 없는 헌신을 하는 것이 그것이다.”물론 우리는 알료샤가 조시마 신부의 가르침에 따를 뿐이란 것을 알고 있다. 조시마는 악을 행하는 사람들일지라도 차별 없이 사랑해야 한다는 이론을 지지한다.

이처럼 카라마조프 가의 뒤얽힌 인간관계 속에서, 매우 개성적인 백치처녀 '악취 나는 리자베타'가 소개된다. 리자베타에 관한 묘사는 단역을 완벽하고 생생하게 완성하는 데 필요한 기본 요소들을 적절하게 풀어내는 도스토예프스키의 위대한 솜씨를 보여준다. 작가는 재주를 몇 차례 발휘해 우리가 인간이라고 느끼는 기괴한 인물을 만들어낸다. 리자베타는 눈에 띄게 사실적이다. 헛간과 복도에서 잠을 자고 외모가 너무나 흉해 사람들이 몸서리를 치도록 만드는 이 등장인물에게서 사실성을 느낀다. 그리고 그녀에게 아이를 갖게 한 사람이 카라마조프였다는 사실을 알게 된다. 이제 그의 모든 사악한 자질들이 갑자기 곪기 시작한다. 누군가 그녀를 껴안는다는 생각조차도 충격적이지만 카라마조프가 그녀에게서 욕망을 충족시켰다는 것은, 그가 미개하고 치사한 야만인임을 의미한다. 그는 짐승 같은 인간이다. 나중에 그는 '세상에 못생긴 여자들은 존재하지 않는다. 여자란 사실만으로도 싸움에서 절반은 이긴 것'이라고 이반과 알료샤에게 말한다.

스메르쟈코프는 백치처녀와 그 호색한의 소생이다. 그가 이 소설에서 가장 혐오스러운 인물 가운데 하나란 것은 놀라운 일이 못 된다. 그는 양부모가 베푸는 친절에도 원한을 품는다.

　도스토예프스키는 스메르자코프의 소개와 출생배경 설명에 덧붙여 처음으로 드미트리에 관해 긴 분석을 하면서, 그가 즐겨 사용하는 테마 중 하나, 즉 한 인간의 성격 안에 존재하는 상충적인 요소들에 관해 상세히 설명한다. 이 개념은 종종 '마돈나-소돔* 대칭'이라고 언급되는데, 한 사람의 내부에 동시 존재하는 과격한 정반대의 감정을 의미한다. 드미트리는 자기 입장을 설명하기 위해 다음과 같이 말한다. "나는 사람의 고상한 정신과 감정이 마돈나의 이상으로 시작해 소돔의 이상으로 끝난다는 생각을 견딜 수 없다. 더욱 무서운 것은 소돔의 이상을 가진 사람이 마돈나의 이상을 부인하지 않는 점이다."

　드미트리는 감정적인 진흙수렁 속에 뒹굴면서도 생활에 극도의 순수함을 불어넣고 싶어 한다. 특히 마돈나의 형상으로 상징되는 순수함에 끌리지만 동시에 방탕한 생활 속에 무기력하게 갇혀 있는 자신을 발견하고, 이러한 자신의 생활을 가리켜 타락으로 인해 신이 파괴한 도시 소돔과 같다고 말한다.

---

* **소돔**(Sodom): 구약 성서 창세기 9장에 나오는 팔레스티나의 사해(死海) 근처에 있던 도시. 성적 문란과 도덕적 퇴폐로 하느님의 노여움을 사서 고모라, 스보임, 아드마, 벨라(소알) 등과 함께 유황불 심판에 의해 멸망했음.

그는 "최악의 타락에 빠질 때 나는 항상 쉴러*의 '환희의 찬가'를 낭송한다"고 말한다. "타락의 깊은 심연 속에서 나는 찬가를 시작합니다. 나에게 저주를 내리십시오. 내가 비열하고 천해지도록 하십시오. 나의 하느님을 가리고 있는 장막의 가장자리에 내가 입 맞추게 하십시오. 내가 악마를 좇을지라도 나는 당신의 아들입니다. 오 주여, 당신을 사랑합니다. 나는 세상의 유지에 필수적인 환희를 느낍니다."

드미트리가 언급한 시는 세레스 여신이 딸을 찾기 위해 지상을 찾아온 신화에 대해 말한다. 그 여신은 딸 대신 '가장 사악한 타락에 물들어 지극히 혐오스러운' 인간을 발견했다. 쉴러는 시의 후렴에서 치유법을 이렇게 암시한다. "만약 인간이 악으로부터 영혼을 정화하고 싶어 한다면 태고의 어머니인 땅에 영원히 밀착해야 한다." 드미트리의 영혼이 끌린 것은 바로 이 시다. 이 시는 그가 타락할 때마다 찾는 도피처인 선과 미를 찾을 때 쓰는 사도신경이다. 그러나 드미트리는 저주를 받은 것으로 보인다. 그에게는 준비된 천국이 존재하지 않는다. 그는 '아름다움은 끔찍하고도 장엄한 것'이라는 사실을 발견한다. 드미트리에게 미는 여성으로 구현될 때 특히 감당하기 어려운 성가신 요소다. 미는 그의 가장 성자다운 감정을 유발하는 동시에 가장 감각적인 욕망도 자극한다. 그는 자신의 이

---

* **쉴러**(Friedrich von Schiller, 1759-1805): 독일의 극작가 · 시인 · 문학이론가.

러한 양극화된 광적인 기질을 절충시킬 수 없다. 그는 순수에 의해 정화된 기분을 느끼면서 비열하고 사악한 감정의 격류에 빠져든다. 그의 성자적인 자질은 명예를 완전히 잃은 것은 아니라는 단 한 가지 생각에 의해 지켜진다. 그는 종종 비열하고 저속하게 행동한다. 그러나 자신이 때때로 명예로운 인간이란 것을 알료샤에게 증명하려고 카테리나 이바노브나와의 관계를 이야기한다.

그는 카테리나에게 돈이 필요할 때 그녀를 자기 아파트에 끌어들여 욕망을 충족시키려는 유혹을 느끼지만 포기하고 만다. 돈은 주되 육체를 요구하지 않았던 것이다.

드미트리는 아버지가 그루센카에게 하룻밤 쾌락을 위해 3,000루블을 제의했다는 사실을 알게 되면서 더욱 혼란스러워진다. 그는 이 일을 막으려 한다. 어떤 이유에서든 그루센카가 아버지의 제안을 받아들일 경우, 그는 아버지로부터 '찌꺼기'를 받을 수 없기 때문에 실패한 운명이 될 것이라고 알료샤에게 말한다. 그녀가 아버지를 찾아오면 자기는 어쩔 수 없이 아버지를 죽이게 될 것이라고 동생에게 경고하고, 아버지를 몹시 미워한 나머지 '갑자기 너무나 역겹게 느껴져' 자살할지 모른다고 고백한다. 그 고백은 드미트리가 살인을 저지를 태세가 되어 있다는 것을 자연스럽게 예고한다. 그는 육체적인 욕망을 충족시키지 못해 좌절했고, 금전적으로 곤경에 처해 있다. 그의 폭발적인 성격과 더불어 이 모든 상황은 드미트리가 실제로 아버지에게 피를 흘리게 할 수 있다는 것을 알아차리기에 충분하다.

드미트리의 발언과 이러한 유형의 수많은 장면 속에서 알료샤는 소위 고해를 받는 신부 역할을 한다. 드미트리는 알료샤에게 고백하는 수많은 등장인물들 가운데 한 사람에 불과하다. 복장, 사제 같은 태도, 비난하지 않고 기꺼이 들어주는 자세로 인해 그러한 신뢰를 받기에 제격이다. 그러나 독자가 볼 때 도스토예프스키식의 장치를 초월한다. 그의 성격은 타인의 고백을 유발한다. 그는 듣고 배우며 인류를 이해해야 한다는 강렬한 필요성을 느낀다. 이런 필요성 때문에 다른 등장인물들로 하여금 말하고 고백하고 이해받기를 간절히 원하도록 만든다.

Chapters 6-11

엇갈리는 사랑, 임박한 살인

카라마조프 가의 저택에 도착한 알료샤는 아버지가 거의 만취상태이지만 여전히 이반과 탁자에 앉아 있는 것을 발견한다. 두 사람은 늙은 그리고리와 스메르자코프가 논쟁하는 것을 듣고 있다. 우리가 카라마조프의 사생아에 대해 보다 많이 알게 되는 순간이다. 스메르자코프는 비교적 과묵하고 다소 침울하며 당연히 자신의 위치에 원한을 품고 있다. 그러나 이상하게도 양부모까지 원망한다. 스메르자코프는 질투와 증오, 간질로 고통받는 수수께끼의 인물이다. 그는 집안에서 요리사로 일한다. 몇 년 전 표도르는 훈련을 위해 그를 모스크바에 보냈고, 돌아온 이후에는 요리사 노릇만 해왔다. 시무룩한 태도와 상관없이 모든 사람은 그를 믿을 만한 인간이라고 생각한다. 왜냐하면 표도르가 술에 취해 분실했던 300루블을 스메르자코프가 찾아서 돌려준 일을 기억하고 있기 때문이다.

알료샤가 도착했을 때 스메르자코프는 양아버지와 논쟁을 벌이고 있다. 그는 사람이 자기 목숨을 구하기 위해 하느님에 대한 신앙을 부인할 수 있다고 주장한다. 그리고 사람이 신앙만으로 능력을 발휘할 수 없다는 것을 증명하려고 산더러 바다로 가라고 말할 정도의 신앙을 가진 사람은 없다고 말한다. 이러한 이유로, 사람은 자기 목숨을 구하기 위해 하느님을 부정하고 나중에 회개하여 용서를 구할 수 있다는 것을 깨닫게 된다고 그는 생각한다. 논쟁을 하는 동안 내내 그가 이반을 기쁘게 하고 감명을 주려고 특히 애쓰는 것으로 보이는 점이 흥미롭다.

카라마조프는 논쟁에 싫증을 느끼고 하인들을 내보낸다. 그러나 대화는 다시 종교란 주제로 되돌아가고 아버지의 여러 가지 질문에 대답하는 이반은 하느님은 존재하지 않는다고 주장한다. 나아가서 영생도 존재하지 않는다고 말한다. 알료샤는 하느님이 존재하며 하느님을 통해 인간은 영생을 얻을 수 있다고 주장한다. 카라마조프는 대화의 주제를 바꾼다. 그는 이제 여자 이야기를 하고, 술에 취해 알료샤의 어머니에 관한 냉소적인 장광설을 시작한다. 그러한 인신공격은 타락한 행위다. 카라마조프는 죽은 아내의 신앙을 조롱하며 몹시 즐거워한다. 실제로 그의 발언이 너무 악의적이어서 알료샤는 기절하고 발작을 일으킨다. 알료샤의 발작은 카라마조프가 말한 그의 어머니의 발작과 똑같다. 이반은 그처럼 야비하게 묘사된 여자가 자기 어머니이기도 하다는 사실을 술 취한 아버지에게 통렬하게 상기시킨다. 카라마조프는 잠시 혼란을 느끼지만 곧 이반과 알료샤가 같은 어머니의 소생이란 사실을 생각해낸다. 두 사람이 알료샤를 깨우느라 애쓰고 있을 때 드미트리가 집 안으로 뛰어 든다.

놀란 카라마조프는 피신처를 찾아 달려가고, 그루센카가 집 안에 있다는 드미트리의 고함소리를 들은 노인은 더욱 흥분하여 두려움에 떤다. 드미트리는 미친 듯이 집 안을 뛰어다니며 그루센카를 찾으려고 애쓰다가 식당으로 되돌아간다. 식당에 있던 카라마조프는 드미트리가 자기 돈을 훔쳐갔다고 소리치기 시작한다. 드미트리는 아버지를 움켜잡고 마루 바닥에 내동이친 다음 머리를 발로 걷어찬다. 이어 떠나려다가 돌아와서 노인을 죽이겠다고 협박하며 소리친다. "조심해, 이 늙은이야, 당신 꿈을 조심해. 왜냐하면 나도 내 꿈을 꾸기 때문이야." 그러고 나서 그는 집 밖으로 뛰쳐나가 계속 그루센카를 찾아다닌다.

　이반과 알료샤가 아버지 상처에 붕대를 감아주고 침대에 눕힌 뒤 알료샤는 아버지 옆에 잠시 머물렀다가 카테리나 이바노브나와 이야기하기 위해 자리를 뜬다. 그는 마당에 멈춰 서서 잠시 이반과 이야기를 나눈다. 이반이 동생에게 따뜻하게 대한 것은 이때가 처음이다.

　알료샤는 호흘라코프 부인 집에 당도하여 카테리나를 찾는다. 카테리나는 드미트리를 걱정하며 비록 그녀의 도움을 원하지 않더라도 그를 구하는 일을 돕겠다고 약속한다. 한편 그녀는 그가 그루센카에게 홀린 것은 일시적인 행동이라고 자신한다. 알료샤는 카테리나가 그루센카의 이름을 언급하자 크게 놀란다. 또한 그루센카가 병풍 뒤에 서서 두 사람의 대화를 엿듣는 것을 발견하고는 더욱 놀란다. 그루센카가 5년 동안 사랑했던 남자와 곧 재결합할 것이라는 고백을 방금 했노라고 카테리나가 설명한다. 카테리나는 이 소식에 매우 기뻐하는 눈치이며, 알료샤에게 사태의 새로운 국면을 설명하면서 그루센카의 이름을 다정하게 부르며 충동적으로 입을 맞추고 안아준다. 그녀는 그루센카에게 조금 전에 한 말을 확인해 달라고 부탁하지만 그루센카가 변덕을 부려 마음을 바꿀 수 있다고 말하자 두 사람은 놀란다. 또 카테리나가 껴안았을 때 자기는 반응을 보이지 않은 사실도 지적한다. 카테리나는 몹시 화를 낸다. 그녀는 감사한 마음에 그루센카 앞에서 겸손한 태도를 보였으나 이제는 분노가 치솟는다. 카테리나는 매우 모욕적인 말을 내뱉지만 그루센카는 신경질을 부리는 그녀를 남겨둔 채 웃으며 걸어 나간다.

알료샤 역시 집을 나서지만 도중에 만난 하녀가 불러 세워 편지 한 통을 건넨다. 하녀는 리제의 편지라고 설명한다. 알료샤는 수도원으로 되돌아가는 길에 드미트리와 만난다. 표정이 밝은 형은 그날 저녁에 있었던 사건을 조금도 걱정하지 않는 모습이다. 그는 지금 카테리나와 그루센카 사이에 일어난 일을 알료샤로부터 듣고 기뻐하는 눈치다. 그는 그루센카의 행동을 비웃고 애정 어린 말투로 '악녀'라고 부른다. 그러다가 갑자기 표정이 어두워지면서 자신은 악당이라고 괴로운 듯이 말한다. "지금 이 순간 내 가슴에 느끼는 불명예만큼 비열한 것은 있을 수 없어."

그날 밤 일어난 일들 때문에 풀이 죽은 알료샤는 수도원으로 돌아와서는 더 나쁜 소식을 듣는다. 조시마의 병세가 더욱 악화된 것이다. 그는 이제 조금밖에 살 수 없다. 알료샤는 가족들의 슬픔으로 깊이 상심했음에도 불구하고 장로 곁에 남기로 한다. 장로 또한 아버지이기 때문이다. 이렇게 결심한 알료샤는 잠자리를 준비한 다음 리제의 편지를 기억하고 꺼내 읽는다. 연애편지다. 리제는 알료샤를 대단히 사랑하며 나이가 차면 결혼하고 싶다고 말한다. 그녀는 그를 희롱한 것에 대해 진심으로 사죄하고 자기를 찾아와 달라고 간청한다.

도스토예프스키는 표도르를 살해하는 아들이자 수수께끼의 인물 스메르자코프를 특별한 성격을 지닌 인물로 세심하게 묘사한다. 예를 들어 우리는 스메르자코프가 아버지와 양아버지를 포함한 '모든 사람들을 경멸하는 듯했다'는 사실을 알게 된다. 그가 냉혹하게 두 사람을 살해할 가능성이 분명히 있다. 뿐만 아니라 어릴 때 '그가 고양이들 목매달기를 매우 즐겼다'는 사실도 알게 된다. 그러한 행동은 분명히 가학적이고 도착적인 오락이다. 정신적인 질환에 몸까지 병들어 있다. 때때로 일으키는 간질발작은 백치 어머니로부터 물려받은 질환이다. 얼마 전부터는 신경발작을 일으키는 빈도가 증가했고, 그의 무죄를 의심받을 때 이러한 발작이 알리바이 조작에 이용된다.

스메르자코프는 그리고리와 논쟁을 벌일 때 지적인 이반에게 감명을 주고자 가장 기초적인 의미론의 논리를 이용한다. 이 논쟁에서 이반을 불안하게 만드는 의문들과 유사한 문제에 스메르자코프가 관심을 기울이는 사실이 드러난다. 도스토예프스키는 이반의 마음속에서 일어나는 감정의 갈등을 이런 방식으로 설정한다. 두 사람의 비슷한 관심사 때문에 이반은 이복동생에게 끌리는 동시에 도스토예프스키적인 감정의 이중성에 의해 그에게 혐오감을 느끼며 '천한 인간'이라고 생각한다.

카라마조프의 천박성이 이 부분에서 다시 한 번 강조된다. 알료샤가 있는 자리에서 그의 어머니를 거칠게 조롱한다. 독자들은 알료샤가 깊은 사랑과 존경으로 어머니를 기억한다는 말을 들었기 때문에 이 장면은 특히 고통스럽다.

이어 아버지의 언어폭력이 알료샤의 발작을 초래한 듯하다. 카라마조프는 알료샤의 갖가지 추억을 짓밟으며, 알료샤가 쓰러진 뒤에도 이반과 알료샤를 같은 여자가 낳았다는 사실을 깨닫지 못하는 점은 의미심장하다. 다시 말하면 두 아들이 너무나 달라 같은 어머니에게서 태어났다는 사실을 완전히 잊은 것이다.

9장에서 드미트리가 폭발해 그리고리를 때려눕히고 나서 아버지를 구타할 때 도스토예프스키는 그가 잠재적 살인범이라는 독자의 심증을 다소 굳혀준다. 아버지와 아들 모두 강렬한 감정에 희생되었으며, 격정적인 호색한이다. 적개심과 증오가 이제 같은 여자를 놓고 충돌했다. 그러한 부도덕한 행위는 살인을 부를 가능성이 있다.

알료샤조차 사람이 다른 사람을 평가해 그 대상이 살 가치가 있는지 없는지를 결정하는 인간의 권리에 관해 이반에게 질문하면서, 집 안에서 아버지가 살해될 여지가 있음을 깨닫는다. 이반 역시 아버지 살해 가능성이 잠재되어 있음을 알게 된다. 왜냐하면 그가 알료샤에게 파충류는 다른 파충류를 삼킬 것이라고 대답하기 때문이다.

10장에서 독자들은 마침내 아름답고 자기모순적인 카테리나 이바노브나를 소개받는다. 드미트리의 야만적인 행동에도 불구하고 기꺼이 헌신하는 아름답고 오만한 이 여자에 관해 앞서 몇 차례 들은 바 있다. 이제 독자는 그녀를 직접 대면한다. 그녀는 드미트리와 파혼하는 것을 절대 거부한다. 그리고 그 결심은 너무나 단호해서 그루셴카 앞에서조차 겸손한 태도를 보인다.

한편 그루셴카는 그녀에 대한 나쁜 소문이 암시한 것보다 훨씬 흥미로운 인물로 밝혀진다. 그녀는 5년 전 자신을 버린 악당을 기다리고 있을 수도, 아닐 수도 있다. 그리고 공교롭게도 이 소설의 핵심적인 상황을 그 악당이 부추길 차례가 된다. 그루셴카의 관대한 자질들은 매우 투철하다. 그녀는 변덕스럽고 짓궂으며 드미트리가 지어준 별명처럼 '악녀'일 가능성이 있는 것으로 보인다. 그러나 단순히 짓궂은 인물이 아니다. 살인사건이 일어난 직후 드미트리와 그의 아버지 모두에게 기대감을 갖도록 만든 책임이 자신에게 있다는 것을 깨닫는다. 그녀는 고의로 두 사람을 기다리게 만들었다.

드미트리가 알료샤에게 자신의 비열한 행위를 고백하면서 그루셴카와 술잔치를 벌이던 날 밤 쓰지 않은 1,500루블을 갖고 있다고 말한다. 그는 이 돈을 아직 카테리나에게 돌려주지 않았다. 그리고 돈을 갖고 있는 사실이 부담스럽다. 이런 부담감은 그가 나머지 절반을 낭비한 사실보다도 더 큰 불명예를 느끼게 한다. 드미트리 같은 사람은 살인을 할 수 없다고 많은 사람들이 나중에 확신하게 된 것은 쓰지 않은 돈에 대한 그의 고민 때문이다.

수도원에서 알료샤는 조시마가 그에게 환속하라고 지시한 이유를 여전히 깨닫지 못하고 있다. "여기는 평화로웠다. 여기는 성스러웠다. 사람은 세상 속에서 자신의 길을 쉽게 잃을 수 있고 타락한다는 것을 알료샤는 깨닫는다." 그러나 장로가 그에게 세상에 들어가라고 요청한 것은 정확하게 이런 이유 때문이기도 하다. 알료샤는 혼란과 어둠 속을 걸어갈 운명을 타고난 사람이며 발판을 잃지 않을 사람이다. 이 순간에 아버지와 카테리나, 리제, 드미트리, 그루센카가 모두 그와 대화를 나누기 위해 기다리고 있다. 그가 평생 해야 할 일은, 그가 보여주는 사랑과 존경을 필요로 하는 세상 사람들 가운데에서 활동하는 것이다.

제 2 부

제 4 권

 장로의 가르침을 구현하는 알료샤

죽음이 가까워진 조시마 신부는 다소 기력을 회복해 친구들과 제자들을 주위에 불러 모은다. 그는 모인 사람들에게 서로 사랑하고, 모든 사람들을 사랑해야 할 필요성을 이야기하며, 모두는 다른 사람의 죄에 대한 책임을 나누어 짊어져야 한다는 사실을 기억하라고 역설한다.

장로의 방을 떠나는 알료샤는 수도원에 드리운 짙은 슬픔을 느낀다. 그는 수도원의 모든 사람들이 어떤 기적을 기다리고 있다고 확신한다. 사람들은 그 기적이 장로가 죽은 직후에 일어날 것으로 기대한다. 실제로 조시마 신부가 최근 일어난 기적의 장본인이란 소문이 이미 떠돌고 있다. 그러나 알료샤가 조시마를 이상화하는 것에 모든 사람이 공감하는 것은 아니다. 수도원에 살고 있는 또 한 사람의 늙은 수도사 페라폰트 신부는 '조시마 신부와 전체 장로단에게 적대적'이다. 페라폰트는 엄격한 금식과 악마에 대한 두려움에 기초를 둔 신앙을 믿는다. 이 신앙은 조시마 신부가 지지하는 사랑의 원리에 정면으로 배치된다. 페라폰트는 모든 사물 속에 악마가 활동하고 있다고 생각하며 선량한 영혼들을 함정에 빠뜨리기 위해 숨어서 기다리는 악마들의 영상을 자주 보았다. 그러한 엄격한 태도 때문에 소수만이 그를 존경하지만 독실한 추종자 집단을 거느리고 있다.

조시마 신부는 자기 방으로 알료샤를 불러 마을로 돌아가 아버지와 형제들에 대한 의무를 다했으면 한다고 말한다. 알료샤는 무언중에 받아들인다.

집으로 돌아간 알료샤는 아버지가 집에 혼자 있는 것을 발견한다. 노인은 오래 살 계획을 세우겠다고 고집을 부린다. 정력을 잃게 될 만년에는 '젊은 매춘부들'을 끌어들이려면 많은 돈이 필요하다고 주장한다. 그는 죽어서 쓰러질 때까지 호색한으로 살 것이라고 힘주어 말한다.

아버지의 말을 들은 후 알료샤는 집을 나선다. 집 밖에서 만난 한 무리의 어린 학생들이 소년 하나를 따돌려놓고 돌을 던지고 있다. 그 연약한 소년은 대략 아홉 살쯤 되어 보인다. 그러나 소년은 연약한 체구에도 불구하고 맞서 대항하며 뾰족한 돌멩이를 어린 불량배 무리에게 던진다. 그러나 소년은 갑자기 돌아서서 도망친다. 소년의 뒤를 따라가는 알료샤는 그러한 적개심 이면에 어떤 사연이 숨어 있는지 궁금하다. 그가 소년을 따라잡았을 때 소년은 시무룩한 표정으로 반항한다. 그는 알료샤에게 돌을 던지고 달려들어 손을 깨문다. 소년은 다시 도망치고 뒤에 남은 알료샤는 그처럼 심한 적개심이 무엇을 의미하는지 몰라 혼란스럽다.

알료샤가 다음에 머문 곳은 호흘라코프 부인의 집이다. 그곳에서 알료샤는 이반이 방문해 2층에 있다는 사실을 알고 놀란다. 드미트리가 와 있다면 모를까 이반의 방문은 예상 밖이라고 생각한다. 그가 손에 감을 헝겊을 부탁해 호흘라코프 부인이 약을 찾으러 가자마자 리제가 그의 앞에 나타난다. 리제는 자기 편지를 돌려달라고 간청한다. 그녀는 편지가 장난이었다고 말한다. 그러나 알료샤는 편지 내놓기를 거부한다. 편지 내용을 믿으며 돌려줄 수는 없다고 말한다. 또한 그는 편지를 갖고 오지 않았다고 설명한다. 이어 알료샤는 카테리나와 이야기하러 간다.

카테리나는 방금 전에 이반에게 한 말을 알료샤에게 되풀이한다. 드

미트리가 그루센카와 결혼하더라도 결코 그를 버리지 않겠다는 것이다. 뿐만 아니라 드미트리가 고마워하지 않을지라도 돕고 보호할 생각이라고 말한다. 이반은 다른 여자가 그렇게 행동하면 완전히 노이로제 환자로 간주되리란 것을 인정하면서도 그녀의 말에 수긍한다. 알료샤는 이제 더 이상 참을 수가 없다. 그는 두 사람이 서로 사랑한다는 사실을 납득시키려고 애쓴다. 그는 두 사람이 자기들 이론으로 스스로를 괴롭히고 있다고 말한다. 이반은 카테리나를 사랑한다는 것은 인정하지만, 그녀의 지나친 자존심 때문에 드미트리 같은 사람이 필요하다고 말한다. 이어 이반은 다음날 모스크바로 떠날 것이라고 말하며 자리를 뜨겠다고 양해를 구한다.

이반이 떠난 뒤 카테리나는 알료샤에게 스네기료프라는 가난한 대위에 관해 이야기한다. 과거에 그 대위의 어린 아들이 옆에서 애원하는데도 드미트리가 무자비하게 그를 구타한 적이 있다. 그녀는 그 사건을 결코 잊지 않고 있으며 깊은 동정심의 표시로 200루블을 대위에게 전해 줄 것을 부탁한다. 알료샤는 그 요청을 받아들인다. 문제의 대위는 정신이상을 일으킨 부인과 두 딸(한 아이는 곱사등이), 어린 아들 일류샤와 함께 아주 낡은 오두막집에 살고 있다. 공교롭게도 일류샤는 앞서 친구들에게 따돌림 당하고 알료샤의 손을 깨문 소년이다. 소년은 알료샤가 찾아온 이유를 설명하기도 전에 손을 물어뜯긴 것을 항의하려고 카라마조프 가의 아들이 왔다고 소리친다. 그 순간 알료샤는 그 소년이 자신을 그처럼 야만적으로 공격한 이유를 알아차린다. 그는 카라마조프 가의 한 아들로부터 아버지의 명예를 지키려고 그랬던 것이다.

대위는 알료샤를 집 밖으로 데리고 나가 드미트리를 만나게 된 사연과 그 구타사건이 자기 어린 아들에게 매우 심각한 영향을 미쳤다고 설명한다. 또한 대위는 자기 가족의 빈곤함을 강조한다. 알료샤는 그의 가난을 덜어줄 수 있어 너무나 기뻐하며 자신이 200루블을 전해 주러 왔노라고 말한다. 대위는 예상치 못한 행운에 좋아하며, 병들고 굶주린 가족에게 해줄 수 있는 여러 가지 일을 이야기한다. 그러다가 갑자기 그가 마음을 바꾼다. 그는 자존심을 과시하려고 돈을 땅바닥에 내동댕이치고 돈을 받으면 아들의 사랑과 존경을 결코 얻을 수 없을 것이라고 말한다. 알료샤는 돈을 집어 들고 카테리나에게 임무에 실패했음을 알리러 돌아간다.

:풀어보기

제3권의 끝부분에서 알료샤는 조시마 신부가 수도원을 떠나라고 말한 이유를 궁금해 한다. 제4권은 이 의문에 대한 도스토예프스키의 설명이다. 매 장마다 알료샤는 잡다한 문제들과 씨름하는 등장인물들 사이를 누비고 다닌다. 그는 장로의 가르침을 구현하는 살아 있는 화신으로 빠르게 변신한다. 각 장은 알료샤의 영향력을 상세히 보여준다. 2장에서 그는 아버지의 집을 찾아가 그를 괴롭히는 여러 가지 실망거리에 관한 이야기를 듣는다. 이어 호흘라코프 부인에게 가서 어린 리제의 신경질적인 고함소리를 조용히 들으며 위로하려고 애쓴다. 한편, 그 집에서 알료샤는 이반과 카테리나를 연인으로 맺어주기 위해 노력한다. 그리고 나서 가난한 스네기료프 대위의 낡은 오두막집으로 간다. 작가는, 알료샤가 수도원의 조용한 수동적 생활이 아니라 적극적인 활동의 사명을 띠고 있음을 보여주겠다는 명백한 의도를 내비친다.

 이 책에서 조시마 신부의 메시지는 특히 중요하다. 앞서 사랑의 가치를 강조했고, 추종자들에게 서로 사랑하고 모든 하느님의 사람들을 사랑하라고 타일렀다. 그리고 그들이 수도원 생활을 선택한 것이 다른 사람들보다 더 많이 축복받은 것이 아니란 사실을 일깨워준다. "이곳을 찾아온 바로 그 사실을 통해 우리 각자는 자신이 다른 사람들보다 더 나쁜 인간이란 점을 고백한 것입니다." 그는 또 청중에게 모든 사람은 다른 사람에게 책임을 저야 한다는 것을 상기시키고 이렇게 말한다. "우리는 모든 사람과 모든 일, 모든 사람의 국가적이거나 개인적인 죄에 책임이 있습니다." 알료샤가 수도원을 떠나야 할 이유를 담고 있는 유일한 발언이다. 조시마의 이론을 대변하려면 은둔생활로는 그 역량을 시험하지 못한다. 장로의 여러 가지 개념들은 오직 분주한 사회 속에서만 시험이 가능하다.

 조시마 신부가 제시하는, 인간의 다른 인간에 대한 책임에 관한 개념들은 알료샤와 이반의 대화 속에서 무게를 더할 수 있다. 이반은 드미트리의 죄에 대해 책임지는 것을 거부하며 자신은 형의 보호자가 아니라고 알료샤에게 말한다. 그리고 나중에 조시마의 책임에 대한 개념은 알료샤로 하여금 카라마조프의 살인에 대한 자신의 책임을 생각하도록 만든다.

 조시마의 강론이 끝날 무렵, 임박한 기적에 관한 소문

이 퍼졌고 그 기적은 장로의 죽음과 동시에 일어난다고 한다. 알료샤는 조시마가 성자와 비슷하다고 믿기 때문에 그 소문에 깊은 관심을 기울이지만 사랑하는 장로의 시체가 빠르게 부패하자 쓰라린 시험을 받는다.

알료샤가 복잡한 세상을 경험하는 여행을 고려중일 때 먼저 아버지의 집으로 가서 온갖 종류의 천박하고 역겨운 이야기를 듣는다. 아버지는 알료샤에게 동침할 '젊은 창녀들'을 유혹하려면 늙어서 많은 돈이 필요하다고 말하고, 이반이 카테리나와 결혼하기 위해 노력함으로써 드미트리가 그루셴카와 결혼하게 될 것이라는 의견을 밝힌다. 이리하여 늙은 카라마조프가 그루셴카와 재혼하지 않게 되고 그의 재산을 새 아내에게 물려주는 일을 막게 된다는 것이다. 도스토예프스키가 카라마조프를 혐오스럽고 짐승 같은 인간으로 묘사하는 어조는 이 모든 지독한 비난에 의해 더욱 어두워진다. 고백을 듣는 동안에도 알료샤는 마음의 평화와 품위를 지키고 사랑을 베푸는 천성이 조금도 손상되지 않는다.

어린 일류샤와 만나는 장면에서 알료샤는 여전히 완벽한 자제력을 발휘한다. 그는 일류샤가 자신을 사납게 물 때 폭력을 전혀 사용하지 않는다. 카라마조프 가 사람이란 이유만으로 돌을 맞고 물리는 것은, 그가 세상에 들어갈 때 겪는 쓰라린 경험이다. 물론 알료샤가 수도원의 은둔생활을 계속했을 경우 이 모든 일은 일어나지 않았을 것이다.

그러나 알료샤는 조시마의 바람에 따라 자신의 길을 선택했다. 반드시 결혼하여 세상 사람들 가운데 하나가 되라고 한 장로의 지시에 따라 그는 그 길을 선택했다. 그러므로 알료샤는 어린 리제에게 성년이 되면 그녀와 결혼하겠다고 말한다.

이반과 카테리나를 결혼하게 하는 일은 그리 간단하지 않다. 두 사람은 분명히 서로 사랑하지만 너무나 오만하여 그것을 알지 못한다. 어려움의 일부는 카테리나의 환상적인 성격에 있다. 그녀는 고통을 받거나 드미트리로부터 모욕을 받아야 한다고 생각한다. 드미트리가 그루센카와 결혼할지라도 그를 결코 버리지 않겠다는 카테리나의 말은, 고통을 받고 순교를 실천하려는 그녀의 계획이 광적인 수준임을 보여준다. '당신의 영웅적인 정절을 항상 기억하고 그의 불성실을 계속 비난하기 위해' 그녀에게는 드미트리가 필요하다고 말함으로써 이반은 카테리나의 특이한 성격을 잘 요약한다.

카테리나의 선언이 일시적인 교착상태를 초래한다. 두 형제에 대한 그녀의 견해는 재판 때까지 분명해지지 않을 것이며 그때가 되더라도 진정한 객관적 견해에 도달하기는 불가능할 것이다. 그럼에도 불구하고 그녀가 드미트리로부터 모욕을 당할 필요가 있다고 생각하는 것은 사실이다. 이러한 결론의 증거는 드미트리에게 모욕당한 스네기료프 대위에 대한 그녀의 깊은 동정 속에 있다. 그녀는 '동정의 표시로' 200루블을 대위에게 전해 달라고 알료샤에게 부탁하지만 그녀의 동정은 금전적 가치보다 훨씬 더 크다.

알료샤는 곧 사회에 깊은 흥미를 느끼게 된다. 그러나 그의 새로운 역할 속에는 어떤 원한도 존재하지 않는다는 점을 독자는 유념해야 한다. 알료샤는 일류샤에게 물리는 사건을 겪은 뒤에도 원한을 품지 않는다. 정반대로 아버지의 명예를 지키려고 애쓰는 어린 소년에게 큰 동정심을 느낀다. 제4권은 사회 초년생 알료샤를 다양한 새로운 상황 속에 집어넣고, 그것에 대처하는 솜씨는 조시마 신부가 감지했던 그의 잠재력을 보여준다. 그러나 앞을 내다볼 때 성공이 전부가 아니란 것을 독자들은 지적할지도 모른다. 상황이 전개되면서 어른들과의 관계에서는 잦은 실패가 분명히 드러날 것이다. 그가 가장 큰 성공을 거두는 부분은 어린이들과의 관계다. 조용히 사랑을 베풀고 헌신하는 품성은 어린 세대 사이에서 가장 풍요로운 공감을 받는다. 물론 이것은 도스토예프스키의 미래관 가운데 일부다. 즉 어린이들은 모든 희망과 구원의 미래를 상징하며, 알료샤는 조시마가 가르친 사랑과 명예의 이상을 새 세대에게 맡긴다.

제 5 권

Chapters 1-4

:줄거리 알료샤와 속내를 나누는 이반

대위를 찾아갔던 심부름을 제대로 해내지 못한 것을 알리기 위해 호흘라코프 부인의 집으로 돌아간 알료샤는 카테리나가 신경질 발작을 일으킨 후 고열이 나기 시작해 지금 2층에 혼수상태로 누워 있다는 사실을 알게 된다. 알료샤는 그 심부름에 대해 리제에게 설명하고 대위의 성격을 분석해 준다. 그와 이야기할 때 리제는 깊은 통찰력과 매우 따뜻한 인도적인 사랑에 큰 감명을 받는다. 그녀는 자기가 편지에 쓴 내용이 진심이라고 고백한다. 그런 고백은 놀라운 것이며, 두 사람은 서로에 대한 감정을 이야기하고 결혼계획을 세우기 시작한다. 알료샤는 편지에 관해 선의의 거짓말을 했던 사실을 인정한다. 편지를 가져오지 않았기 때문에 돌려주지 않은 것이 아니라 너무나 소중하게 생각했기 때문에 안 돌려준 것이라고.

두 사람의 대화를 엿들은 호흘라코프 부인은 떠나려는 알료샤를 불러 세워 두 사람의 혼인을 강력히 반대한다고 말한다. 알료샤는 결혼은 먼 미래의 일이고, 리제가 너무 어려 지금 결혼할 수 없다고 말한다.

이어 전날 밤 드미트리의 행동에 당혹감을 느낀 알료샤는 형을 찾아보기로 한다. 그는 수도원으로 되돌아가는 것보다 드미트리의 명예를 조금이라도 구하는 것이 더욱 중요하다고 생각한다. 여름 별장에 가면 형이 있을 것 같다. 여름 별장은 드미트리가 그루센카를 지켜보고 그녀를 꿈속에 그리는 장소이기 때문이다. 기다리는 동안 알료샤는 스메르자코프가 가정부의 딸을 위해 기타를 연주하며 노래 부르는 소리를 듣는다. 알료샤는 양해를 구하고 연주를 중단시킨 다음 드미트리를 보았느냐고 묻는다. 요리사는 이반이 메트로폴리스 레스토랑에서 드미트리와 만나기로 약속했다고 알려준다. 알료샤는 그곳으로 달려가지만 드미트리를 발견할 수 없다. 대신 이반이 혼자 식사를 하고 있다. 이반은 동생에게 손짓을 하고 알료샤는 형의 대화 제의를 받아들인다. 이반은 알료샤를 더 잘 이해하고 싶은 생각이 간절하다는 것을 인정한다. 그는 알료샤를 존경하게 되었다. 이반은 또한 자신이 무질서와 불의에 계속 직면함에도 불구하고 삶에 대

한 강렬한 소망을 가지고 있다는 것도 인정한다. 그러나 알료샤는 이반이 집을 떠난 후에 드미트리와 아버지에게 일어날 일을 더욱 걱정한다. 이런 걱정에 대해 이반은 자신이 형이나 아버지의 보호자가 절대 아니라고 주장하고, 오직 한 가지 이유 때문에 식당에서 식사를 하고 있다고 고백한다. 혐오스러운 아버지와 함께 지낼 수 없다는 것이었다.

그 문제에 관한 이야기가 끝나고 나자 이반은 '하느님의 존재와 영생에 대한 견해'를 알료샤에게 말하기 시작한다. 그는 하느님을 거부하지 않으나 그렇다고 하느님을 받아들일 수도 없다고 말한다. 만약 하느님이 존재하고 하느님이 진실로 세상을 창조했다면 인간의 정신은 창조행위를 가늠하고 창조의 목적을 이해할 수 있어야 한다. 그러므로 이반은 하느님이 창조한 세계를 거부한다. 이러한 결론이 하느님의 부정을 의미한다면 그것은 또 다른 문제라고 그는 덧붙인다. 알료샤는 더욱 내면 깊은 질문을 하며 세상을 받아들일 수 없는 이유를 보다 구체적으로 설명해 달라고 청한다. 이반은, 인간을 멀리서는 사랑할 수 있지만 이웃 사람을 사랑하는 것은 불가능하다고 말함으로써 답변을 대신한다. 그에게는 '인간에 대한 그리스도와 같은 사랑이 지상에서는 불가능'하다. 말하자면 세상을 받아들이는 것을 특히 어렵게 만드는 것은 세상에 넘쳐나는 엄청난 고통과 야만적 행위다. 만약 하느님이 존재한다면 이처럼 참혹한 일들을 어떻게 설명할 수 있느냐고 이반은 말한다. 그는 세상 사람들이 냉담하게 저지르는 잔인한 행위의 대표적 증거로 어린이들이 받는 고통을 지적한다. 어린이들은 죄 지을 시간이 없는데도 고통을 당한다. 그 이유가 무엇인가? 죄 때문은 분명히 아니다. 이반은 인간들이 어린이들에게 저지르는 잔인한 행위의 사례를 몇 가지 든다. 그러한 불의가 자행되도록 내버려두기 때문에 신화적인 '하느님의 조화'를 받아들일 수 없다는 것이다. 다시 말해 고통을 당하는 사람이 그 고통을 받아들이는 우주를 용납할 수 없다. 이반은 말한다. 그러한 '조화는 고통 받는 아이의 눈물만큼의 값어치도 없다.' 어린이들의 고통의 대가로 진리가 실현된다면 그러한 진리는 가치가 없다. 이렇게도 말한다. "알료샤, 나는 신을 받아들이지 않는 것이 아니라 단지 존경하는 마음으로 하느님에게 승차권을 되돌려줄 뿐이야."

알료샤는 몸서리치면서 그런 생각은 반역에 해당된다고 말한다. 이반은 또 다른 사례를 제시한다. 사람이 '하나의 작은 생명체를' 고문해 죽여야만 완벽한 인간세계를 창조할 수 있다고 가정해 보라고 말한다. 알료샤에게 그런 세상의 건설자가 되겠느냐고 묻는다. 알료사는 '그분이 만물을 위해 무고한 피를 흘렸기 때문에' 모든 것을 용서할 수 있는 분이 존재한다는 것을 이반에게 상기시킴으로써 그 질문에 답한다. 이반은 '죄를 짓지 않는 그분을' 잊지 않고 있다는 것을 동생에게 다짐하고 몇 년 전에 쓴 산문시 한 편을 낭송한다. 그는 시에 "대심문관"이란 제목을 붙였다.

:풀어보기

알료샤가 대위와 만난 일을 리제에게 이야기할 때 우리는 조시마처럼 알료샤가 사람의 마음을 깊이 꿰뚫어보고 자기가 도와주고자 하는 사람들의 심리에 대해 이해하는 것을 볼 수 있다. 알료샤가 단순한 신앙을 가진 단순한 사람의 차원을 훨씬 초월한다는 것을 증명하는 점은 바로 인간천성에 대한 이러한 이해력이다.

조시마가 알료샤에게 결혼하라고 지시한 사실을 기억

할 필요가 있다. 그리고 장로 때문에 알료샤가 리제를 신부감으로 선택한 사실도 기억해야 한다. 그는 리제보다 더 나은 아내감은 없다고 생각한다. 그러나 조시마의 모든 영향력에도 불구하고 알료샤는 그의 꼭두각시가 아니다. 그는 스승의 가르침에 담긴 지혜에 대해 객관적인 태도를 취한다. 그는 조시마가 죽어가고 있다는 것을 알면서도 장로의 임종을 지키러 가는 것보다 드미트리를 찾는 것이 더 고귀한 임무라고 생각한다. 이렇게 알료샤는 속세의 의무를 짊어지는 어른으로 성숙해 가며 다른 사람들을 정신적인 관심의 대상으로만이 아니라 훨씬 소중한 존재로 보게 된다.

　　도스토예프스키는 3장에서 모호했던 이반의 성격을 뚜렷이 부각시킨다. 앞서 이반은 알료샤가 단순하고 정신이 공허한 광신도에 불과한지 확인하기 위해 거리를 두고 대했다. 이제 이반은 '너는 굳건히 서 있고 내세우는 대의명분과 상관없이 그처럼 굳건하게 선 사람들을 나는 좋아하기' 때문에 알료샤를 존중한다. 이제는 동생과 자신의 신념을 논할 용의를 갖고 있다. 뿐만 아니라 이반은 곧 떠나야 하기 때문에 알료샤에게 해명하는 것이 급선무라고 생각한다. 그러나 알료샤에게는 관심을 기울여도 드미트리에게는 분명히 무관심하다. 그는 형이나 아버지의 보호자가 되는 것을 극구 거부한다. 이 문제에 관한 한 매우 단호하며 그의 격렬한 반응은 카라마조프가 살해당할 가능성이 있다는 얘기가 나올 때 다시 한 번 드러난다.

이반은 종교에 관한 견해를 밝히기 앞서 삶에 대한 강렬한 욕구를 갖고 있다고 말한다. 그는 인생이 비논리적이라는 것을 발견할지라도 삶을 사랑한다. 삶에 대한 사랑을 인정하는 것은 중요하다. 왜냐하면 허무주의적으로 보이는 철학을 가진 이반은 자기파괴적인 냉소주의자로 분류될 가능성이 있기 때문이다. 이반은 윤리적으로 훨씬 강하며 삶의 과정에 매우 충실하다.

이반과 알료샤는 "하느님의 존재와 영생에 대한 의문들이 러시아인들에게… 가장 중요하며 당연히 그래야 한다"는 데 의견을 같이한다. 큰 맥락에서 볼 때 이 합의는 이 소설의 주제다. 이러한 개념들은 등장인물들에게만 중심이 되는 것이 아니라 도스토예프스키의 전반적인 입장을 이해하는 데도 중심이 된다.

이반은 "어쩌면 나 역시 하느님을 받아들이는지도 모른다"고 단언하여 알료샤를 놀라게 한다. 그는 '하느님이 존재하지 않으면 하느님을 만들 필요가 생길 것'이라고 한 말을 동생에게 상기시킨다. 이반이 볼 때 기독교의 놀라운 요소는 인간이 기본적으로 지극히 '야만적이고 사악한 짐승'이므로 '하느님'이란 고귀하고 장엄한 개념을 생각해낼 수 없기 때문이다. 물론 이반은 대다수 인간들의 천박함과 사악한 천성을 완전히 초월하는 그 어떤 개념을 생각해 낼 정도로 인간이 고귀하다고 믿기 어렵다는 결론으로 자신의 견해를 끌고 간다.

무엇보다도 이반은 자신의 인간적인 지능으로 인생의 논리와 목적을 완전히 이해할 수 있는 그런 세계를 갈망한다. 그는 유클리드의 영원히 만날 수 없는 두 개의 평행선에 관한 비유를 인용한다. 이반은 '유클리드식의 세속적인 정신'을 가지고 있기 때문에 이 개념을 이해할 수 있다. 그러나 누군가 두 개의 평행선이 무한대의 어느 곳에서 만날 가능성이 있다고 하고, 이반 자신이 직접 본다 할지라도 여전히 그 이론을 받아들일 수 없다. 그러므로 그가 하느님과 하느님의 지혜, 하느님의 목적을 받아들일 용의가 있다 하더라도 '하느님이 창조한 이 세상… 내가 받아들이지도 않고 받아들일 수도 없는 하느님이 창조한 이 세상'를 받아들일 수 없다.

이반은 세상를 받아들이지 않는 이유를 더 설명하기 위해 이웃을 사랑할 수 없다고 말하면서 세상 속에서 목격되는 잔인한 행위를 살펴본다. 추상적인 의미에서 사람을 사랑하는 것은 분명히 쉽지만 한 인간의 얼굴을 바라볼 때는 그 사람을 사랑하는 것이 불가능하다는 것이다. 그리스도는 신이었기 때문에 인간들을 사랑하는 것이 쉬웠다. 그러나 평범한 사람들이 이웃을 사랑한다는 개념은 우스꽝스럽게도 불가능하다. 나중에 이반은 자신의 시 "대심문관"에서 이 개념을 상세히 설명한다.

이반은 세상을 받아들일 수 없는 주된 근거로 무고한 어린이들이 받는 고통을 내세운다. 물론 무고한 사람의 고통이라는 개념은 태초부터 철학자들을 괴롭혀왔다. 그것은 욥기와 같은 위대한 저서들의 주제다. 그러나 이반은 어른들의 고통에는 관심이 없다. 어른들은 죄를 지었고, 어른의 고통은 그 죄에 대한 벌이다. 그러나 어린이들은 죄를 짓지 않았고, 따라서 이반은 어린이들의 고통을 정당화하는, 하느님에 의해 창조된 세계를 이해할 수 없다. 그리고 독자가 이반의 생각에 동의하든 안 하든 상관없이 독자는 이러한 사고체제 속에서 작용하는 논리를 인식해야 한다. 이반에게 인생은 합리적이어야 하며, 사람이 하느님의 기적을 이해하고 당연한 도리로써 하느님을 사랑하려면 인생은 특히 합리적이어야 한다.

이반은 자신의 철학을 충분히 심사숙고했기 때문에 '짐승 같은 잔인함'이란 말을 음미하면서 이 말이 짐승들에 대한 모욕이라고 생각한다. 짐승은 오직 먹이를 위해서만 다른 짐승을 죽이고 그것도 신속하게 죽이지만 사람은 천천히 의도적으로 죽이고 때로는 희생자의 고통을 지켜보는 가학적인 쾌락을 위해 죽이기도 하니까.

이반은 이러한 말을 하면서 자신이 알료샤에게 고통을 준다는 것을 아주 잘 안다. 그는 알료샤가 어린이들을 좋아한다는 사실도 잘 안다. 이반은 '형의 보호자'는 아니지만 몰인정한 인간과는 거리가 멀다. 그는 어린이들을 존중한다. 그는 어린이들의 고통을 합리화하는 논리를 찾아낼 수 없다. 희생자가 '일어나서 자기를 죽이는 자를 껴안는다면' 영원한 조화의 근거가 무엇이냐고 알료샤에게 묻는다. 이 고상한 조화가 부분적으로나마 그러한 고통에 기반을 두고 있다면 이반은 그 것을 부정할 수밖에 없다. 진리는 그러한 대가만큼의 가치가 없다. 자기 개들로 하여금 농민 소년을 죽게 한 장군의 일화 를 예로 든 이반은 이렇게 말한다. "나는 아이 어머니가 아들 을 개들에게 던져준 압제자를 포옹하는 것을 원하지 않는다! 그녀는 그를 용서해서는 안 된다! 그녀가 압제자를 용서하면 그녀는 어머니의 가슴에 가눌 수 없는 고통을 준 고문자를 용 서하는 것이다. 그러나 그녀는 고문당한 아이의 고통에 대해 서는 용서할 자유가 없다. 아이가 고문자를 용서하더라도 그 녀는 용서해서는 안 된다." 이반은 그러한 극악무도한 불의를 거부한다. 그는 오히려 '복수를 하지 않은 고통과 해소되지 않 은 분노를' 간직하는 편을 택할 것이다.

이러한 견해가 반역적이라고 말하는 알료샤에게 이반 은 다음과 같은 가정을 제시한다. "결국 인간을 행복하게 만 들기 위한 목적으로 네가 인간의 운명체계를 창조한다고 가정 해 보자. 그리고 인간들에게 마침내 평화와 안식을 준다고 가 정하자. 그러나 그런 운명의 건축물을 복수하지 않은 눈물 위 에 세우고, 하나의 미약한 생명체를 고문해 죽이는 것이 필수 적이고 불가피한 경우를 상상해 보자. 그럴 경우 너는 그런 여 러 가지 조건의 건설자가 되는 데 동의하겠는가?" 이러한 이 반의 비유는 이 장 전체에서 나타난 같은 견해를 보여준다. 즉 인간들을 위해 창조된 세계는 무고한 사람들의 고통 위에 세워져서는 안 된다는 것이다. 인도주의자 이반은 '보상받지 못한 피'를 대가로 이루어진 행복이나 영원한 조화를 받아들일 수 없다.

알료샤는 모든 사람을 위해 '자신의 결백한 피를 준' 분을 잊었다고 이반에게 상기시킨다. 알료샤의 반대는 이반에게 "대심문관"을 낭송하도록 자극한다.

Chapter 5

 이반의 시 "대심문관"

　16세기 스페인에서 종교재판이 절정에 달했을 때 그리스도를 닮은 사람이 예고 없이 거리에 나타난다. 사람들은 그분을 즉각 알아보고 주위에 모이기 시작한다. 그러나 그분이 병자와 절름발이 몇 명을 고쳐주고 있을 때 늙은 추기경 또한 그분을 알아보고 경비병들에게 체포하라고 명령한다. 그리스도는 다시 한 번 끌려간다.

　그날 밤 한 사람이 그분을 찾아온다. 방문객은 대심문관이다. 어두운 감방 안으로 들어온 그는 그리스도가 다시 나타나 교회의 업무를 방해한다고 엄하게 책망한다. 대심문관은 예수에게 이렇게 설명한다. 그분이 세 가지 유혹을 거부했기 때문에 인간들에게 견딜 수 없는 자유라는 짐을 지워주었다는 것이다. 그러나 교회는 지금 그분의 실수를 바로잡고 있으며 자유라는 짐을 덜어줌으로써 인간을 돕고 있다. 인간이 자발적으로 그리스도를 추종하는 편을 선택할 것으로 기대했다면 실수한 것이라고 대심문관은 설명한다. 그리스도가 기대하는 어떤 무한한 것을 받는 대가로 지상의 빵이나 안전 혹은 행복을 거부하는 것을 인간의 기본적인 천성이 허용하지 않는다는 것이다.

　만약 그리스도가 제공된 빵을 받았다면 인간은 선택의 자유 대신 안정을 제공받았을 것이며, 그리스도가 기적을 행해서 성전 꼭대기에서 뛰어내렸다면 인간은 숭배할 어떤 기적을 제공받았을 것이다. 인간의 천성은 기적을 찾는다고 대심문관은 주장한다. 끝으로 그리스도는 악마가 주려 했던 권력을 받아들여야 했다. 왜냐하면 지금 교회가 장악하고 있는 그 권력을 그분은 인간의 이익을 위해 받아들이지 않았기 때문이다. 그리스도가 죽은 후 교회는 그분의 실수를 시정하지 않을 수 없었다. 이제 인류는 행복과 안정을 받는 대가로 자유를 교회에 기꺼이 반납한다. 이 균형이 깨뜨려져서는 안 된다고 그는 말한다.

독백의 끝부분에서 대심문관은 그가 악마의 편에 서야 할 필요성과 그리스도가 인류에게 부과한 도전정신은 불과 극소수의 강한 인간들만이 유지할 수 있다는 것을 인정한다. 나머지 인간들은 이런 강한 인간들에게 희생되지 않으면 안 된다. 구원으로 이어지지 않을지라도 인류 전체를 위한 지상의 행복을 제공하는 것이 대심문관의 계획이다. 반면에 그리스도의 계획은 이 나약하고 보잘것없는 인간들을 구원하지 못했을 것이다.

말을 마친 대심문관은 그리스도를 바라본다. 그분은 시종일관 침묵을 지켰다. 이제 그분은 늙은 성직자에게 다가가 그의 마르고 주름진 입에 입을 맞춘다. 대심문관은 갑자기 그분으로부터 물러나며 그분이 다시 오지 말았어야 했다고 말한다.

이야기를 마친 이반은 알료샤가 자기를 배척할지 형으로 받아들이기 위해 노력할지 생각해 본다. 알료샤는 그 이야기에 대한 대답으로 형에게 다가가 입을 맞춘다. 이반은 "너는 나의 시를 표절하고 있다"고 기쁜 듯이 소리친다. 형제는 함께 레스토랑을 나와 각자의 길로 간다.

　　이반은 앞 장에서 인간의 고통과 이 세상의 불의와 씨름했다. 이제 그는 중요한 철학적 문제들 가운데 하나로 관심을 돌린다. 서구인들은 여러 세기 동안 이 문제로 고민했다. 그것은 인간이 교회가 주도하는 행복과 안정 대신 완전한 자유를 소유함으로써 엄청난 짐을 지게 되었다는 것이다.

　　도스토예프스키는 이 문제에서 두 개의 개념을 구현한 두 명의 적대자를 설정함으로써 극적인 충격을 주는 데 성공한다. 인간의 안정과 행복을 요구하는 대심문관과 완전한 자유를 제공하는 그리스도가 그 적대자들이다. 뿐만 아니라 자유의 옹호자, 즉 환생한 그리스도는 대심문관이 독백하는 동안 완전히 침묵을 지킨다. 그리스도의 상대가 모든 이야기를 한다. 그러나 늙은 대심문관은 단순한 이기주의자가 아니다. 그는 우리의 존경을 불러일으킨다. 우리는 교회 내에서의 그의 지위와 지성, 학식을 염두에 둔다. 무엇보다도 그가 고백한 인류에 대한 사랑을 고려하게 된다. 그가 마지막에 인정한 바와 같이 사탄의 협력자라는 사실에도 불구하고 그는 이 모든 행동을 한다.

　　상대인 하느님처럼 그 역시 광야에 나갔으며 선택받은 사람들 가운데 설 수 있었으나 의도적으로 나약하고 보잘것없는 인류 전체의 편을 선택했다는 것을 우리가 깨달을 때 대심문관의 복잡한 성격은 더욱 심화된다. 그리고 그 전 장의 이반과 마찬가지로 대심문관은 하느님이 무고한 자들의 고통을 정당화할 수 있을지라도 정당화에 따른 설명의 용납을 거부할 것이라고 선언함으로써 자기 입장을 재확인한다. 이반과 대심문관 두 사람은 거의 일치한다. 두 사람은 각각의 상대방 즉 그리스도와 알료샤로부터 키스를 받는다.

이 일화 속에서 그리스도가 다시 나타났을 때 대심문관은 권위, 기적, 신비란 개념 위에 세계를 건설하기 시작했다. 추기경인 그는 그리스도가 사람들 가운데에서 기적을 행하는 것을 보자 손가락을 내밀고 경비병들에게 체포하라고 명령한다. 마을 주민들은 추기경을 두려워한다. 그들은 떨면서 추기경에게 복종한다.

교회가 고안한 구원방식과 강력한 권위는 도스토예프스키의 공격목표다. 작가는 이반을 통해 로마 가톨릭 교회에 대한 비난의 근거를 구축한다. 예를 들어 밤에 그리스도를 찾아간 대심문관은 이렇게 말한다. "당신은 과거에 하신 말씀에 새로운 것을 덧붙일 권리가 없습니다." 즉 그리스도가 필요한 내용은 이미 모두 말했다는 것이다. 그 이후 교회는 말씀의 유일한 권위를 인계받았고, 믿어야 할 내용과 믿지 말아야 할 내용을 정했다. 신앙과 행동 문제에서는 그리스도가 아닌 교회가 최고 권위자다. 그는 그리스도에게 "어째서 우리의 작업을 방해하러 왔습니까?"라고 묻고, 그분이 수세기에 걸쳐 구축된 교회의 권위를 뒤집어엎지 않도록 만전을 기하기 위해 이렇게 말한다. "당신에게 최악의 이단자들과 같은 유죄판결을 내리고 말뚝에 묶어 화형에 처할 것입니다."

대심문관과 그리스도 사이의 논쟁이 특히 효과적인 것은 도스토예프스키가 고대의 상황에서 두 사람의 대면을 주선했기 때문이다. 그리스도는 다시 한 번 죄수가 되고 고발되지만 자신을 변호하지 않는다. 자신을 변호해야 하는 사람이, 사형집행자라는 사실이 역설적이다. 죄수는 한 마디도 하지 않는다. 그러나 두 사람을 영웅과 악당으로 보는 것은 잘못이다. 한 쪽은 침묵하고 다른 쪽은 발언을 하는 가운데 두 사람은 인간이 행복을 성취할 수 있는 최선의 방법을 놓고 논쟁을 벌인다. 두 사람 모두 여러 가지 인도주의적인 동기를 가지고 있고 인류 전체를 사랑한다. 그들의 최종 목표인 인간의 행복은 동일하다. 오직 개념설정과 실현방법만이 다를 뿐이다.

대심문관은 "이렇게 '자유로운 인간들'을 보았습니까?"라고 질문함으로써 그리스도가 인간들을 자유롭게 만들려 하는 것을 비판한다. 자유의 문제는 15세기 동안 교회와 인류 양쪽에 무거운 짐이 되었다. 그러나 이제 교회는 '인간의 행복을 위해 자유를 쳐부수었다'고 대심문관은 말한다. 그는, 인간은 인간의 약점으로 말미암아 자유와 같은 부담스러운 문제를 처리할 능력이 없다는 것을 깨닫게 되었고, 자신의 주장이 옳다는 것을 입증하기 위해 그리스도가 시험받은 유혹들을 상기시킨다.

　대심문관의 견해는 아래에 인용된 누가복음 4장 1절-13절에서 그 근거를 발견할 수 있다.

　"예수께서 성령의 충만함을 입어 요단강에서 돌아오사 광야에서 사십일 동안 성령에게 이끌리시며 마귀에게 시험을 받으시더라. 이 모든 날에 아무것도 잡수시지 아니하시니 날 수가 다하매 주리신지라 마귀가 가로되 네가 만일 하느님의 아들이어든 이 돌들에게 명하여 떡덩이가 되게 하라. 예수께서 대답하시되 기록하기를 사람이 떡으로만 살 것이 아니라 하였느니라. 마귀가 또 예수를 이끌고 올라가서 순식간에 천하만국을 보이며 가로되 이 모든 권세와 그 영광을 내가 네게 주리라. 이것은 내게 넘겨준 것이므로 나의 원하는 자에게 주노라. 그러므로 네가 만일 내게 절하면 다 네 것이 되리라. 예수께서 대답하여 가라사대 기록하기를 주 너의 하느님께 경배하고 다만 그를 섬기라 하였느니라. 또 이끌고 예루살렘으로 가서 성전 꼭대기에 세우고 가로되 네가 만일 하느님의 아들이거든 여기서 뛰어내리라 기록하였으되 하느님이 너를 위하여 그 사자들을 명하사 너를 지키게 하시리라 하였고 또한 저희가 손으로 너를 받들어 네 발이 돌에 부딪히지 않게 하시리라 하였느니라. 예수께서 대답하여 가라사대 말씀하기를 주 너의 하느님을 시험치 말라 하였느니라. 마귀가 모든 시험을 다 한 후에 얼마 동안 떠나니라."

이 부분에서 그리스도가 자신만을 위해 빵을 통한 안정, 권위, 기적에 대한 유혹을 거부한 것인지, 아니면 거부를 함으로써 모든 인류를 위해 인류라는 나약한 존재 위에 그처럼 거대한 부담을 지웠는지 하는 중요한 의문이 제기된다. 그리스도가 자신만을 위해 거부했다면 그 거부는 그다지 중요한 의미를 갖지 못한다. 왜냐하면 그분은 신이며 그런 유혹을 쉽게 거부할 능력이 있기 때문이다. 만약 그분이 인류 전체를 위해 거부했다면, 비록 그분이 먹을 것을 충분히 갖지 않은 상황에서 인간이 무언가 추상적인 것을 믿을 것으로 기대한다는 가설이 뒤따르게 된다.

대심문관은 그리스도에게 세 가지를 제안한 '현명하고 무서운 성령이 물었던 방식으로 질문함으로써' 문제를 더욱 복잡하게 만들었다. 그리스도는 분명히 거부한 쪽이지만 자신만을 위한 것이 아니라 인류 전체를 위해서 그렇게 했다. '그 세 가지 질문의 말 자체가 기적'이었다는 대심문관의 발언은, 사탄이 인류의 장래 운명이 결정되도록 질문의 어휘를 선택했다는 것을 의미한다. 대심문관은 "당신과 당신에게 질문한 그 둘 가운데 누가 옳은지 판단하시오"라고 요청한다.

첫 번째 질문은 자유 대 안정이라는 관점에서 검토된다. 그리스도는 빵을 거부함으로써, 인간이 빵을 제공받아 안정을 느끼도록 유도당하지 않고 그분을 따라가는 선택의 자유를 가져야 한다고 주장한다. 빵을 제공받으면 인간은 그리스도를 자발적으로 선택하는 자유를 상실한다. "당신은 인간으로부터 자유를 빼앗기를 원하지 않아 그 제안을 거부했습니다. 빵으로 복종을 받을 경우 자유가 무가치하다고 생각했기 때문입니다." 대심문관은 그리스도가 인간에게 원하는 것은 실현 불가능하다고 생각한다. 대심문관은 이렇게 말한다. "인간과 인간사회를 위해 절대로 지지할 수 없는 것이 자유입니다." 인간을 위한 빵이나 안전을 거부하고 대신 인간 자신의 의지로 그분을 따를 자유를 줌으로써 그리스도는 '나약하고 사악하고 무가치하고 반역적인' 인간의 천성을 이해하는 데 실패했다. 지상의 빵에 굶주린 인간에게 천국의 빵을 약속하고, 인간이 자기 의지에 따라 천국의 빵을 선택하기를 기대하는 것은, 천성적으로 그리스도를 거부하고 지상의 빵을 제공하는 사람을 선택하는 인류에게 견딜 수 없는 부담을 지우는 것이다. 대심문관은 '인간을 먹인 다음 그들에게 덕을 요구'하라고 외친다.

그리스도는 인류 전체를 해방시키는 대신 오직 강한 인간들만을 해방시키는 데 성공했다고 대심문관은 주장한다. 자발적으로 천국의 빵을 받아들일 힘을 가진 수만 명의 인간들은 그분을 따르겠지만 너무나 나약해 두렵기 짝이 없는 선택의 자유를 책임 있게 받아들이지 못하는 수억 명의 인간들은 어떻게 되느냐고 대심문관은 묻는다. 천국의 빵을 따를 힘을 지닌 선택된 인간들을 위해 나약한 인간들은 저주를 받는 것이 아닌가?

대심문관은 자신이 그리스도의 실수를 바로잡았다고 말한다. 그는 지상의 빵을 따르는 굶주리고 나약한 인간들을 사랑하기 때문에 그렇게 했다. 이제 교회가 인간들을 먹여 살리고 그 대신 인간들은 안정을 위해 과거에 지녔던 자유를 기꺼이 반납했다. '인간은 논쟁의 여지없이 확립된 것을 숭배하려고 함으로써' 무서운 선택의 자유에 직면할 필요가 없게 될 것이다. 만약 그리스도가 빵을 선택하기만 했어도, 보편적이고 영원한 인간의 갈망 즉 숭배할 누군가를 발견하고자 하는 욕망은 충족되었을 것이다. 그리스도는 자유를 위해 지상의 빵을 거부하는 실수를 범했다. "당신은 인간으로부터 자유를 거두어들이기는커녕 전보다 더 큰 자유를 주었습니다! 인간이 선과 악의 지식에 따라 선택할 수 있는 자유보다는 평화, 심지어는 죽음을 선택한다는 것을 당신은 잊으셨습니까?"

그리스도는 지상의 빵을 거부함으로써, 또한 '예외적이고 모호하며 수수께끼 같은 것과 그 반대인 확고한 안정 둘 중 하나를 선택하라고 인간에게 강요했다. 당신은 인간의 힘을 완전히 초월하는 것을 선택했고, 인간이 소유한 자유를 거두어들이기는커녕 자유를 확대시켰으며, 인류의 정신적 왕국에 영원한 고통이란 짐을 지웠습니다.' 이제 각 개인은 자기 자신을 위해 '오직 당신의 영상만 앞에 놓고 무엇이 선이고 무엇이 악인지' 결정하지 않으면 안 된다. 그리스도가 진정으로 인류를 사랑했다면 더 큰 동정심을 발휘해 인간의 본질적인 나약함을 이해했어야 한다.

　이어 대심문관은 자신, 즉 교회가 인간에게 동정심을 발휘하고 인간을 이해하여 인간에게 '기적, 신비, 권위'를 주었다고 설명한다. 교회는 무엇을 믿고 무엇을 선택할 것인지 인간에게 말해 줌으로써 직접 선택할 의무를 면제해 준다. 마침내 인간은 그리스도가 거부했던 안정감을 느끼게 되었다.

　그리스도가 두 번째 유혹―성전 아래로 뛰어내리라는 요청―을 거부한 것은, 인간이 종교에 기대하는 기본적 특성들 가운데 하나, 즉 진정한 기적을 거부한 것이라고 대심문관은 설명한다. 물론 그리스도는 신이므로 기적적인 것을 거부할 수 있다. 그러나 인간의 천성이 기적을 갈망한다는 것을 이해했어야 했다. "그러나 당신은 인간이 기적을 거부할 때 하느님 또한 거부한다는 것을 알지 못했습니다. 인간은 하느님보다 기적적인 것을 더 찾습니다. 그리고 인간은 기적적인 것 없이는 버틸 능력이 없으므로 스스로 기적을 만들어낼 것이며 마법을 숭상하게 될 것입니다. 다시 말해 <u>인간의 기본적인 천성은 인간의 존재를 초월하는 것을 추구합니다. 인간은 초인적인 것과 기적이라는 느낌이 드는 현상을 숭배합니다.</u>"

　대심문관은 말한다. "우리는 당신과 함께 일하는 것이 아니라 '그'와 함께 일하며, 그것이 우리의 신비입니다. 우리가 당신편이 아닌 그의 편에 선 것은 8세기가 지난 오래 전 일입니다. 불과 8세기 전 우리는 당신이 경멸하며 거부한, 그가 당신에게 제안했던 마지막 선물, 즉 당신에게 지상의 모든 왕국을 보여주며 제안했던 마지막 선물을 그로부터 받았습니다. 우리는 그로부터 로마와 시저의 칼을 받았습니다."

교회는 그리스도가 거부했던 지상의 왕국을 차지했다. 여기서 교회는 인간의 보편적인 행복을 위한 계획을 확립했다. 자유, 자유로운 사상, 과학은 대단히 풀기 어려운 각종 수수께끼와 혼란스러운 불화를 만들고 오래지 않아 모든 인간은 "오로지 당신만이 그분의 신비를 소유하고 있습니다. 우리를 자신으로부터 구원해 주십시오"라고 말하며 그들의 자유를 기꺼이 내놓는다.

미래의 행복한 세계는 완전한 복종과 굴종의 원칙 위에 조직된 전체주의 국가에 바탕을 둘 것이다. 그리고 "그들은 기꺼이 우리에게 복종할 것입니다. 왜냐하면 그런 복종이 인간들을, 그들이 현재 직접 자유로운 결정을 내리는 과정에서 겪는 커다란 불안과 끔찍한 고민으로부터 해방시킬 것이기 때문입니다." 교회는 사람들이 복종하고 굴복하는 한, 특정한 사람들이 죄를 짓도록 허용하는 조치까지 취할 것이다. 인간의 행복은 책임과 선택이 없는 어린이들의 행복이 될 것이다. 모든 의문은 교회가 대답한다. '신비를 수호하게 될' 소수만이 불행을 느끼게 되는 것은 역설이다. 즉 상위 개념들을 이해하는 교회 구성원들만이 고통을 겪을 것이다. 왜냐하면 교회 구성원들은 '선과 악의 지식이 내린 저주를 물려받아 고통받는 사람들이 될 것'이기 때문이다.

　이반과 마찬가지로 대심문관은 "수백만 명의 생명들이 웃음거리로 창조되었다는 것을 의미할 경우 선택된 소수의 한 사람이 될 의사가 없습니다." 세계에서 오직 소수의 인간만이 그리스도가 준 자유를 이해하고 소중히 생각할 것이다. 이 소수는 강하다. 선택된 자들의 편에 설 수도 있었던 대심문관은 인류에 대한 동정심의 발로에서 수많은 약한 자들을 불행에 빠뜨리게 될 체제를 거부한다. 그런 체제는 불공정하며, 따라서 대심문관은 강한 소수보다는 약한 다수를 위해 고안된 체제를 받아들이는 편을 선택한다.

　대심문관은 '인간이 내면적 자유의 끔찍한 부담으로 괴로움을 당하지 않도록' 그리스도를 화형에 처하지 않을 수 없다고 말한다. 대심문관은 소수의 강한 인간들에게만 고통받는 특권을 예비했기 때문에 특정한 의미에서는 순교자다. 이러한 방식으로 인류 대중은 절대적인 자유와 연관된 끔찍한 괴로움을 겪을 필요가 없게 된다. 결과적으로 그리스도는 교회가 조직한 행복에 간섭할 권리를 갖지 못한다. 그분은 사람들의 적으로서 처벌받아야 한다.

　토론이 끝났을 때 그리스도는 대심문관의 마르고 주름진 입술에 키스함으로써 답변에 대신한다. 이러한 역설적인 마무리로 독백을 중단시키고 우리는 무엇이 옳은지 의아하게 생각하게 된다. 그러나 독자는 도스토예프스키가 두 개의 상반된 대응방식을 만들어낸 점을 기억해야 한다. 인간은 그처럼 분명한 반대에 직면하는 경우가 거의 없다.

알료샤가 시의 내용을 재현해 이반에게 입을 맞춘 것은, 이반이 심사숙고하지 않았으면 방금 들려준 견해에 도달할 수 없었다는 것을 알아차렸다는 의미다. 그러한 견해들은 인류에게 가장 중요한 질문임에 틀림없다. 뿐만 아니라 이반은 알료샤처럼 인류를 깊이 사랑한다. 사랑한다는 것은 구원받을 가치가 있도록 만드는 자질이다.

Chapters 6, 7

살인준비 끝나다

　알료샤와 헤어진 이반은 매우 우울하다. 이반은 스메르자코프를 만나기가 몹시 두렵다는 사실을 깨닫고 나서야 우울한 이유를 알게 된다. 이반은 집으로 간다. 그러나 그가 마당에 앉아 있는 것을 보자 말을 걸지 않고 지나가고 싶다. 하지만 이상하게도 지나치지 못하고 이복동생에게 인사를 하게 된다.

스메르자코프는 그루센카를 놓고 표도르와 드미트리가 경쟁을 벌이기 때문에 자기도 곤경에 처했다고 이반에게 고백한다. 그는 또한 걱정으로 인한 심리적 부담 때문에 간질발작이 일어날 가능성도 두려워한다. 뿐만 아니라 그루센카가 표도르를 방문하기로 결심할 경우 그녀가 사용할 비밀신호를 드미트리가 알고 있다고 말한다. 만약 그 밀회가 성사되면 비극을 초래할 가능성이 농후하다. 그리고리와 마르파는 둘 다 병이 났고, 스메르자코프는 발작을 일으킬까봐 걱정한다. 표도르는 분노한 드미트리와 혼자 만나게 될 것이다. 이반은 스메르자코프가 왜 드미트리에게 비밀번호를 알려주었는지 의아하게 생각한다. 어쩌면 그가 밀회를 주선해 자신이 모스크바로 떠나자마자 드미트리로 하여금 표도르에게 접근하도록 만들었을지 모른다고 생각한다. 그러나 이반은 표도르를 지키는 경비견이 될 수 없으므로 예정대로 다음날 모스크바로 떠나기로 결심한다. 스메르자코프는 이반에게 모스크바에 가지 말고 인근의 다른 마을로 갈 것을 주장한다. 그러나 이반의 결심은 흔들림이 없고 더 이상 논의하지 않고 잠자리에 들지만, 스메르자코프와의 대화로 몹시 피곤해진 나머지 잠을 잘 수 없다. 다음날 표도르는 이반에게 모스크바에 가지 말고 늙은 자기 대신 숲의 잡목을 팔러 인근 마을에 가달라고 간청한다. 이반은 마침내 동의하고 집을 나선다. 그가 스메르자코프에게 모스크바에 가지 않는다고 말하자 이런 수수께끼 같은 말을 속삭인다. "현명한 사람과는 언제나 대화할 가치가 많습니다." 이반은 어리둥절한다.

몇 시간 뒤 스메르자코프는 지하실 계단에서 쓰러져 간질발작을 일으킨다. 예상대로 그는 침대에 눕혀지고 표도르 혼자 남는다. 표도르는 모든 문과 창문을 잠근 다음 그루센카가 오늘 밤 자기에게 올 것이라고 확신하고 기다리기 시작한다.

알료샤와 헤어진 이반은 우울하다. 이러한 감정은 스메르자코프와 협력한 데 따른 죄의식과 관계가 있을 가능성이 농후하다. 이반은 그것을 깨닫지 못했지만 하인과의 관계 속에 어떤 이중성이 존재하는 것을 자기도 모르게 느낀다. 그리고 마지막 두 개의 장은 이반의 특정한 행동들이 표도르의 피살과 연관이 있음을 보여준다.

이반이 스메르자코프에게 분명히 혐오감을 느낀다는 사실 또한 중요하다. 그는 하인과 여러 차례 철학적인 토론을 벌였고, 그 가운데에는 "해, 달, 별이 넷째 날에 창조되었는데, 어떻게 첫째 날에 빛이 존재할 수 있었는가?"와 같은 문제들도 들어 있다. 스메르자코프는 표도르에게 감명을 줄 수 있는 문제들을 토론주제로 삼는다. 그는 이반에게도 감명을 주고 그리고리에게는 반발하고 싶어 한다. 그러나 자신의 개념 대부분을 이반으로부터 빌렸다. 살인의 개념조차도 이반으로부터 나온 것이다.

이반은 스메르자코프와 맞닥뜨리면 "이 비열한 백치야, 내 앞에서 사라져. 내가 너와 무슨 상관이 있느냐?"라고 말할 심산이었으나 대신 "아버지는 아직 주무시고 계시느냐?"라고 묻는다. 이런 반전은 이반이 그를 극도로 혐오하면서도 마음이 끌린다는 것을 시사한다. 그리고 같은 연장선상에서 아버지가 살해될 것이라는 생각에 거부감을 느끼는 동시에 살인을 준비하도록 묵인하는 것처럼 보이기도 한다.

　　이 마지막 몇 개의 장에서 독자는 스메르자코프가 완벽한 살인계획을 세우는 것을 쉽게 알 수 있다. 무엇보다도 먼저 우리는 그루센카가 노인을 방문할 때 사용할 비밀신호를 드미트리가 전달받았다는 이야기를 듣는다. 드미트리가 그 신호를 알고 있다는 사실이 밝혀질 때 그가 의심받도록 만들기 위해서가 아니라면 스메르자코프가 이 신호에 관해 이야기할 필요가 없다. 또한 이반이 스메르자코프의 설명을 선선히 들어준 것은 이반 역시 그런 알리바이를 조바심하며 받아들인다는 것을 나타낸다. 둘째, 스메르자코프는 다음날, 즉 이반이 집을 떠나는 날 간질발작을 일으킬 것 같은 느낌이 든다고 말한다. 셋째, 스메르자코프는 그리고리가 어떤 독한 약을 복용할 것이라고 밝힌다. 마르파는 이 약을 준비할 때 항상 자신도 소량을 복용한다. 약을 먹고 나서 얼마 후 하인 부부는 깊이 잠들 것이다. 결국 스메르자코프는 완벽한 살인계획을 세웠다. 완벽한 알리바이까지 만들었다. 나중에 그가 이반에게 밝힌 바와 같이 만사가 계획대로 진행되었다. 그렇지 않았다면 살인은 성공할 수 없었다. 이반은 앞서 "너는 그렇게 준비하기 위해 애쓰지 않았느냐?"고 말하며 직접적인 책임을 피하려고 할 때 이 사실을 알고 있었다. 그러나 궁극적으로 이반은 아버지의 죽음에 대한 도덕적인 죄를 나누어 짊어지지 않으면 안 된다.

제5권의 끝에 살인을 위한 장치 대부분이 준비된다. 스메르자코프는 간질발작을 일으킨 척하고, 그리고리는 병으로 집에 틀어박혀 있고, 마르파는 남편과 자신을 위해 약을 준비하고, 표도르는 초조하게 그루센카를 기다린다.

제 6 권

조시마 신부의 과거, 그리고 죽음

알료샤가 수도원에 돌아와 보니 조시마 신부는 침대에 일어나 앉은 채 친구와 추종자들에게 둘러싸여 있다. 장로는 쇠약하지만 여전히 정신이 또렷하고 청중과 대화하기를 간절히 바란다. 그는 자상하게도 알료샤에게 인사를 하고 드미트리에 관해 묻는다. 드미트리에게 절을 한 것은 그가 드미트리에게 닥칠 커다란 고통을 인정한 것이라고 하면서 알료샤의 미래는 전혀 다르다고 말한다. 그는 젊은 수도사 알료샤에게 형들을 보살피러 속세로 돌아가라고 다시 권한다. 이러한 방법으로 알료샤는 인생의 모든 것을 사랑하고 축복하는 것을 배우며 고통받는 사람들에게 인생을 사랑하고 축복하도록 가르칠 것이라고 장로는 말한다.

이런 간청은 조시마 신부의 마지막 부탁이다. 이제 장로는 알료샤가 장로에게 그처럼 특별한 이유를 좌중에 설명한다. 장로는 과거에 자신에게 큰 영향을 미친 형이 한 사람 있었다고 말한다. 알료샤는 신체적으로나 정신적으로 그 형과 유난히 닮은 점이 많다. 이어 조시마는 지난 일을 이야기하기 시작한다.

장로는 재산이 별로 넉넉지 못한 귀족 가문에서 태어났다. 두 살 때 아버지가 세상을 떠났고 형과 어머니 밑에서 성장했다. 조시마보다 여덟 살 위인 형은 어느 자유사상가의 감화를 받았고 그 얼마 후 어머니에게 슬픔의 근원이 되었다. 형은 어머니의 독실한 종교적 관행과 경건한 신앙심을 조롱했다. 그러던 중 형은 열일곱 살 때 결핵에 걸렸고 몇 달밖에 살 수 없다는 진단을 받았다.

죽음을 기다리던 몇 달 동안 형은 커다란 정신적 변화를 겪었다. 형은 극도로 신앙심이 돈독해졌고 하느님의 모든 피조물을 사랑해야 한다고 계속 이야기했다. 정원의 작은 새들까지 사랑해야 한다고 말했다. 하인들에게는 자기와 동등한 인간이란 것을 느끼라고 부탁했고, 하인들을 섬기는 하인이 되었으면 좋겠다고 종종 말했다.

조시마는 형 이외에 자기에게 영향을 준 것은 성경이며, 성경은 모든 인간에 대한 하느님의 사랑이 넓음을 증언한 책이라고 말한다. 조시마는 성경 속에 담겨 있는 광대한 사랑을 발견할 수 없는 사람들 때문에 슬퍼한다.

그러나 성경에 대한 조시마의 사랑이 일생 동안 계속된 것은 아니다. 청년이 된 조시마는 상트페테르부르크의 사관학교에 입학했고, 오래지 않아 성경과 종교적인 수련을 등한시하게 되었다. 그는 졸업 후 전형적인 청년장교의 낙천적인 생활을 했다. 장로는 자신의 사랑을 받아주었다고 확신한 아름다운 아가씨에게 구애를 했다. 그러나 그가 외지에 나간 사이에 그녀는 다른 남자와 결혼했다. 모욕을 당했다고 생각한 조시마는 그녀의 남편에게 즉각 결투를 신청했다. 그러나 결투가 예정된 날 아침에 잠을 깬 그는 창 밖을 내다보고 하느님의 세상 전체에 충만한 신선하고 깨끗하고 아름다운 풍경을 보았다. 그는 죽어가던 형의 훈계를 기억했다. 하느님의 모든 피조물을 사랑하라. 그는 침대에서 일어나 전날 밤 구타한 하인에게 사과하고 결투계획을 세웠다. 그는 상대에게 먼저 발포할 기회를 줄 생각이었다. 상대가 발포한 다음 자기 권총을 내던지고 상대방에게 용서를 구할 결심이었다. 그는 생각대로 행동했다. 그러나 조시마와 동행한 장교들은 그의 이상한 행동에 충격을 받았다. 그에게 까닭을 물은 장교들은 그의 설명에 더욱 놀랐다. 그는 장교 자리에서 물러나 수도원에 들어가기로 결심했다고 말한 것이다.

조시마는 빠르게 마을의 입방아에 올랐고, 어느 날 밤 정체 모를 낯선 인물이 그를 찾아왔다. 이 방문객은 조시마가 취한 일련의 행동을 유발한 동기를 이야기해 달라고 간청했다. 조시마가 자세한 이야기를 들려주는 동안 여러 날 밤이 지나갔다. 조시마의 이야기를 모두 듣고 난 남자는 자신의 과거를 고백했다. 그는 여러 해 전 격한 감정에 못 이겨 한 여자를 살해했고 살인혐의는 다른 사람이 뒤집어썼다. 그러나 문제의 용의자는 재판을 받기도 전에 죽었다. 살인을 저지른 그 남자는 아내와 자식들이 있고, 지역사회에서 가장 존경받는 자선사업가의 한 사람이 되었다. 그러나 그는 결코 행복감을 느끼지 못한다고 조시마에게 괴로운 마음을 밝힌다. 명백하게 성공한 인생임에도 불구하고 항상 고백의 필요성을 느꼈다고 했다. 실제로 그는 사람들 앞에서 고백을 했고, 사람들은 그의 공개적인 고백을 믿지 않고 일시적인 정신착란으로 생각했다. 그는 조시마에게 고백하고 오래 되지 않아 병에 걸렸다. 장로는 그 남자를 찾아갔다가 그 남자로부터 가르침에 대해 깊은 감사를 받는다. 조시마는 지금까지 그 남자의 비밀을 한 번도 공개하지 않았다.

장로는 이야기를 멈추고 수도사가 되는 것이 과거 자기에게 어떤 의미였는지 알료샤에게 말하기 시작한다. 수도사는 누구보다도 민중과 가깝고, 궁극적으로 러시아의 구원은 신앙적으로 러시아 정교를 언제나 굳게 믿는 평민들을 통해 실현될 것이라고 조시마는 생각한다. 그는 또한 모든 사람이 평등하다고 말하면서 언젠가 모두가 진실로 온유해질 수 있고, 하인을 동등한 인간으로 받아들이고, 나아가서 다른 사람들에게 하인 노릇을 할 수 있게 되기를 희망한다.

그는 진정한 평등은 '인간의 정신적 품위' 속에서만 찾을 수 있다고 말한다. 조시마는 한 늙은 하인이 수도원을 위해 헌금한 일화를 예로 들며 이야기한다. 이는 행동의 이상적인 역전, 즉 주인과 하인의 관계가 더 이상 존재하지 않는 이상적인 역전이라고 밝힌다.

조시마는 청중에게 하느님의 모든 피조물을 사랑하고 모든 사람들의 죄에 책임을 지라고 권고한다. 인간의 논리로는 이해할 수 없는 많은 것들을 하느님은 종종 기대한다. 예를 들면, 인간은 범죄자일지라도 같은 인간을 심판해서는 안 된다. 물질적인 지옥은 존재하지 않으므로 교회 밖에 사는 사람들을 위해 기도해야 한다. 오직 정신적인 지옥만 존재한다. 이어 그는 마루 위에 쓰러져 땅을 껴안으려는 듯이 팔을 뻗는다. 그는 기쁜 마음으로 자기 영혼을 하느님에게 맡긴다.

이 책에서 제시되는 조시마 신부의 최종적인 견해들은 긍정적 측면을 내포한다. 이러한 긍정적 측면 때문에 도스토예프스키는 이반의 불신에 의문을 제기할 때 이 견해들을 다시 소개한다. 조시마의 견해는 제5권에서 제시되는 다수의 개념들에 대한 균형추와 비슷한 역할을 한다.

이반과 달리 조시마는 훈계적이다. 이 소설에서뿐만 아니라 도스토예프스키의 모든 저술 가운데에서 가장 훈시적인 인물일 것이다. 그의 개념들은 너무 추상적이어서 이반의 개념처럼 제시될 수 없다. 너무 심오해서 단순한 훈계밖에는 방법이 없는 것이다.

물론 조시마 철학의 일부분은 앞서 몇 차례 논의되었다. 그러나 여기서는 그의 모든 신조들이 거의 총집결된다. 그는 살면서 경험한 사례나 권고, 짧은 설교를 통해 이것들을 제시한다. 어떤 의미에서 조시마는 앞서 소개된 도스토예프스키적인 인물들의 연장이다. 작가가 제시하는 개념들을 단순히 추상적으로 상징하는 인물의 단계를 조시마가 훨씬 뛰어넘는 것은 개인 경력 때문이다. 놀랍게도 조시마 신부는 비교적 활달한 인물이며 수도원에 들어오기 전 수많은 경험을 했다. 그가 여러 가지 확신을 갖게 된 데는 이유가 있다. 그는 통상적인 성자가 아니다.

조시마가 배경설명을 위해 제시하는 자료가 많기 때문에 그러한 배경에 입각해 조시마를 보는 것이 매우 중요하다. 만약 장로의 갖가지 이론들을 정당한 것으로 받아들인다면 그가 세상에서 거부당하는 것을 피하려고 종교에 귀의한 고립된 혹은 억압된 사람으로 생각할 수 없다. 조시마는 내성적인 성격이 아니었다. 청년 시절 거칠고 무모했으며 '음주, 방탕, 악행'으로 가득 찬 생활을 했다. 그는 동료장교들과 일반사람들에게 인기가 높았다. 그러므로 그의 개종과 뒤이은 종교적 헌신은 동기를 가진 현실에 바탕을 두고 있다.

조시마의 결투에 관한 설명과 갖가지 행동은 그가 도덕적 용기뿐만 아니라 육체적 용기도 가진 사람이란 것을 보여준다. 삶을 사랑하고 이 세상 만물을 존경해야 한다는 죽은 형의 일부 개념들을 기억함으로써 종교에 귀의했다는 사실은 의미심장하다. 그 이후 이 개념들은 조시마의 최종적인 인생철학에서 점점 더 중심으로 이동하게 된다.

고통과 관련해 드미트리에게 절한 이유에 대한 조시마의 설명은 도스토예프스키적인 철학에 깊이 뿌리를 내리고 있다. 예를 들어 〈죄와 벌〉에서 주인공은 한 창녀 앞에 절을 하는데, 그 이유는 주인공이 그녀 속에서 '모든 인류의 고통'을 보기 때문이다. 고통은 속죄의 원천이라고 도스토예프스키는 생각했다. 그는 고통을 통해서만 인간이 죄를 정화 받을 수 있다고 생각했다. 조시마가 드미트리 안에서 본 것은 이러한 정화의 과정이다.

성경을 향한 사랑을 이야기하는 가운데 조시마는 성경의 기본적 교훈이 다음과 같다고 말한다. 사람은 하느님이 인간에게 주는 광대한 사랑을 인식해야 한다. 우선 그런 인식이 쉽지 않은 것은 당연하다. 오로지 상대에게 자랑하기 위해 하느님은 사랑하는 욥을 악마에게 넘겨준다는 것을 받아들이기 어렵다. 그러나 이 우화의 가치는, '일시적인 지상의 허세와 영원한 진실이 합쳐지는 것'은 신비라고 조시마는 말한다. 물론 이것은 이반이 믿는 바와 정면으로 배치된다. 그는 지상의 논리로 이해될 수 없는 어떤 개념도 받아들이기를 거부한다. 그러나 조시마에게는, 인간이 하느님의 방식을 이해할 수 없고 지상의 일부 사물들은 신비 속에 남아 있어야 한다는 사실 속에 하느님의 위대성이 존재한다. 오직 그러한 신비를 통해서 인간은 하느님의 영광 전체를 깨닫게 된다. 만약 인간이 모든 것을 이해하게 되면 하느님은 위엄을 잃게 될 것이다. 그리고 하느님이 인류를 사랑하지만 고통을 내린다는 개념을 받아들일 수 없는 이반과 반대 입장을 보이는 조시마는 이렇게 말한다. "하느님을 믿지 않는 사람은 하느님의 사람들을 믿지 않을 것입니다. 하느님의 사람들을 믿는 사람은 그때까지 하느님의 성스러움을 믿지 않았을지라도 장차 하느님의 성스러움을 보게 될 것입니다." 장로는 인류에 대한 적극적인 사랑의 실천을 강조한다. 오직 사랑만을 통해 인간은 하느님을 믿게 될 것이다. 이반은 당장에는 동의하지 않을 것이다. 그는 심오한 문제들을 논리적으로 생각하는 데 시간을 보낸다. 그에게는 적극적으로 사랑할 시간이 없다.

낯선 손님의 출현으로 인해 조시마는 첫 번째 시험을 받게 된다. 조시마는 손님에게, 충분히 고통을 받았고 공개적인 고백을 함으로써 그와 가족의 인생을 망칠 필요가 없다는 말을 해줄 수도 있었을 것이다. 그러나 그는 손님이 자신의 각종 과오를 인정하도록 조용히 설득하려고 노력한다. 위협은 없다. 자기 양심이 이끄는 행동을 하도록 청할 뿐이다.

조시마가 자신의 지혜를 알료샤에게 일러줄 때 독자는 장로의 견해들이, 도스토예프스키 자신이 그렇게 살기 위해 노력했거나 혹은 적어도 그렇게 살기를 원했던 견해들과 기본적으로 같다는 점을 인식할 필요가 있다. 특히 도스토예프스키는 다음과 같은 개념들에 관심을 기울였다.

1. 러시아 수도사와 잠재적 중요성

조시마는 러시아의 구원이 두 가지 원천에 의해 실현될 것으로 믿는다. 하나는 러시아 수도사들이고, 또 하나는 그가 러시아 민중 혹은 러시아 대중이라고 언급한 러시아인들 가운데서 이상화된 방대한 인구다. 그러나 러시아의 재생을 성취하는 데는 수도사들이 민중보다 훨씬 중요하다. 정화와 사랑의 에너지 및 개념들이 수도사들로부터 나오게 된다. 수도

사는 복종, 금식, 기도를 실천하며 이 세 가지 계율이, 유일하고 진정한 성스러운 자유를 획득하도록 만든다는 것을 믿는다. 기계적이고 물질적인 천박성의 노예인 동시대 사람에게는 그런 자유가 영원히 거부된다. 동시대인은 인생의 의미를 순수하게 이해하는 데 필요한 그러한 자유를 결코 얻지 못한다. 그들은 또한 인생에 너무 탐닉하여 인생에 대해 명상할 수 없다. '오로지 물질적인 것들과 습관들의 횡포로부터 해방된' 수도사만이 위대한 개념들을 생각해내고 실천할 수 있다. 본질적으로 이것이 대심문관과 이반이 제기한 의문에 대한 장로의 답변이다. 오직 자유 속에서만이 인간은 인생을 보존할 가치가 있도록 만들기에 충분한 위대한 개념들을 생각해낼 수 있다.

수도사가 모범과 철학을 제공한 뒤에 부흥이 시작되며 민중 속에서 새로운 러시아가 육성된다. 물론 민중에게 수도사의 생활을 완벽하게 모방하기를 기대할 수는 없다. 그러나 민중은 흙과 인생의 기본적인 문제들과 가깝게 생활하기 때문에 수도사의 지혜를 가장 쉽게 소화할 수 있다. 물론 조시마는 일반 농민들이 종종 죄를 짓는다는 것을 안다. 그러나 또한 그 농민들이 자기 죄의 나쁜 점을 깨닫는다고 믿는다. 인간은 먼저 의로움을 최고의 덕목으로 인정해야 하므로 이런 깨달음은 농민의 구원이 된다. 이것이 민중이 하는 행동이다. 조시마는 농민이 죄를 짓고 무식하게 행동하더라도 농민에게 실망해서는 안 된다고 가르친다. '민중의 믿음과 온유함으로부터 구원이 오기 때문'이다. 이 개념은 도스토예프스키가 매우 빈번하게 옹호하는 개념이다. 예를 들어 〈죄와 벌〉에서 소냐가 그러한 유형의 인물이다. 소위 소극적인 구원의 인물인 것이다. 작가는 소극적인 신앙의 수용과 극단적인 온유함을 통해 구원이 이루어진다는 의견을 제시한다. 민중은 기본적으로 수도사들과 같은 믿음을 가지고 있기 때문에 민중은 조시마의 희망이다. 조시마는 말한다. "신앙이 없는 개혁자는 러시아에서 아무 일도 하지 못합니다. 그가 진심으로 성실하고 천재일지라도 민중은 그 무신론자를 맞이하여 극복할 것입니다." 그러나 러시아의 공산주의 혁명에 뒤이은 전면적인 무신론에 비춰볼 때 조시마 신부의 이 예언처럼 완전히 틀린 것으로 입증된 내용을 도스토예프스키가 쓴 경우는 다시 없을 것이다.

2. 주인과 하인이 정신적인 형제가 될 가능성

조시마는 모든 사람의 절대적 평등을 옹호한다. 진정한 품위는 거대한 물질적 부의 소유에서 오는 것이 아니다. 품위는 개인적 가치의 내면적 감지를 통해서만 나올 뿐이라고 장로는 말한다. 그런 품위를 지닐 경우 다른 사람을 부러워하지 않고 존경할 수 있다. 주인이 그런 품위를 가질 때, 자존심이나 품위를 잃지 않고 하인과 협력하는 연합관계와 형제애가 생긴다. 이것이 조시마의 낙원이다. 그 낙원은 진정 모든 사람들의 하인이 되기를 갈망하는 사람들에 의해 유지되는 '인간의 대동단결' 위에 세워진다.

3. 기도, 사랑, 다른 세계들과의 접촉

조시마는 추종자들에게 다른 사람들, 심지어 죄를 지은 사람들을 위해 기도하라고 가르친다. 하느님은 당신 앞에 선 모든 죄인들을 긍정적으로 바라볼 것이라고 한다. 이는 누군가가 그 죄인들을 위해 기도를 자청하는 것을 증명한다. 그리고 장로는 긍정적 사랑의 힘에 대한 강력한 믿음을 모인 사람들에게 다시 강조한다. "죄를 지은 사람일지라도 사랑하시오. 왜냐하면 그 사랑이 하느님의 사랑과 같기 때문이며 이 세상에서 가장 고귀한 사랑이기 때문입니다. 모두 그리고 하나하나의 모래알을 포함한 하느님의 피조물을 전부 사랑하시오. 나뭇잎과 하느님의 빛줄기 하나하나를 사랑하시오. 동물을 사랑하고, 식물을 사랑하고, 만물을 사랑하시오. 만물을 사랑하면 사물 속에 깃든 하느님의 신비를 인식하게 될 것입니다." 인간은 사랑을 통해 하느님의 세계 속에 있는 만물의 새로운 면을 알게 된다. 이리하여 "우리는 잠시 동안이 아니라 영원히 사랑해야 합니다."

특히 알료샤에게 영향을 미친 조시마의 기본 개념들 가운데 하나는 다른 사람의 죄에 대한 인간의 책임에 관한 견해다. "모든 사람과 사물에 성실한 책임을 지는 즉시 모든 사람과 만물로 인해 자신이 비난받아야 한다는 것을 알게 되므로 모든 사람은 모든 사람의 죄에 대해 책임을 져야 한다"고 조시마는 주장한다. 이 개념을 논리적 결론으로 끌고 갈 경우 우리는 알료샤가 결국 아버지의 피살에 대해 부분적 책임을 져야 한다는 것을 알게 된다. 알료샤는 실제로 부분적 책임을 짊으로써 마침내 인간이 인생의 소극적인 방관자가 아니라 적극적인 참여자가 되어야 한다는 것을 깨닫게 된다.

조시마는 성스러운 것에 대한 인간 이해의 한계와 관련하여, 인간은 다른 세계와 사랑의 유대를 맺고 있다는 신비한 감각을 부여받았다고 말한다. 이반과 마찬가지로 장로도 인간이 하느님의 신비한 방식들을 이해할 수 없다는 점을 인정한다. 그러나 조시마에게는, 신비하고 불가해한 것의 존재 자체가 인간이 더 높은 권능에게 사랑과 충성을 바쳐야 하는 증거다. 그러므로 조시마는 이반의 전제들을 하느님의 존재에 대한 자신의 증거로 간주한다. 장로는 이렇게 말한다. "최후의 심판 때 인간은 이해할 수 없었던 것들을 설명하라는 요청을 받지 않고 이해한 것들만 설명하라고 요청받을 것입니다."

4. 인간은 다른 인간을 심판할 수 있는가?

조시마는 그 누구도 다른 인간을 심판할 수 없다고 믿는다. 첫째, 어떤 사람도 범죄자에 불과한 경우는 없으며, 다른 사람보다도 겉보기로 죄가 없고 범죄 혐의를 받지 않는 사람들이 저질러진 모든 범죄에 대한 책임의 대부분을 져야 한다는 점을 인식해야 한다. 알료샤는 드미트리에 대한 심판을 거부할 때 그러한 이론을 사용한다. 뿐만 아니라 형의 재판이 진행되는 동안 형을 용서한다. 현실적인 관점에서 볼 때 범죄자에 대한 조시마의 견해는 지나치게 이상적이다. 조시마는 범죄자를 자유롭게 풀어주고 범죄자가 자신의 행위를 비판하게 되기를 희망한다. 그러한 이상주의는 너무나 순진하다.

조시마는 '끊임없는 전폭적인 사랑을 땅에 바쳐야 한다'고 말하며 땅에 대한 입맞춤을 지지한다. 이는 앞서와 같은 종류의 이상주의다. 대지에 대한 사랑이 여러 편의 도스토예프스키 소설에서 중심이 되고 있음을 독자는 주목했을 것이다. 〈죄와 벌〉에서 살인범인 라스콜리니코프는 그의 범죄 때문에 더럽혀진 땅에 엎드려 절을 하라는 말을 듣는다. 드미트리가 종종 낭송하는 쉴러의 시 속의 찬가는 지상의 존재를 찬양한다. 완전한 사랑, 심지어 땅에 대한 사랑 안에서 인간은 '하느님께서 주신 선물'인 환희를 인식할 수 있다고 조시마는 말한다. 이 선물은 다수가 아닌 선택된 사람들에게만 제공되는 것이 분명하다. 이상적인 정신적 엘리트 개념은 이반의 사고로는 생소한 것이지만 조시마는 그러한 소수의 존재를 믿으며 엘리트들이 선택된 것을 자랑스럽게 생각해야 한다고 강조한다. 소수 엘리트들의 모범이 다른 사람들을 하느님의 빛으로 인도할 것이다.

5. 지옥과 지옥불, 신비주의적인 생각

이 주제에 대한 조시마의 견해는 교회의 정통 교리와 일치하지 않는다. 나중에 페라폰트는 조시마의 방에서 악마들을 추방할 때 이 사실을 언급한다. 조시마는 불로 태우고 벌을 내리는 물질적인 지옥불은 절대 믿지 않는다. 그에게 지옥은 정신적인 고뇌이며, 이 고뇌는 저주받은 자의 내부 양심 속에서 자란다. 물질적인 처벌이 존재한다면 그 극심한 신체적 고통 때문에 정신적 처벌이 완화될 것이라고 그는 말한다. 더욱 큰 처벌인 정신적 처벌은 죄인이 하느님으로부터 영원히 분리되리라는 죄인의 인식이다. 조시마는 죄인들을 위해 기도하라고 가르침으로써 교회의 교리에서 더욱 벗어난다. '사랑은 그리스도에 대한 적대행위가 결코 될 수 없기 때문에' 그는 죄인들을 위해 기도한다.

제3부

제 7 권

:줄거리 시험받는 알료샤

조시마 신부의 시신을 매장할 준비가 시작되자마자 시체는 넓은 방으로 옮겨진다. 그 방은 금방 사람들로 가득 찼다는 소문이 빠르게 전해진다. 장로가 죽었다는 소식을 듣자마자 많은 신도들이 기적을 고대하며 모여든다. 그러나 기적은 일어나지 않고 다음과 같은 현상만 나타난다. 조시마의 시체는 이내 부패하기 시작하고, 조문객들은 썩는 악취에 시달린다. 방 안의 모든 사람들이 구토를 느끼고, 시체의 부패가 정신적 특성과 관련돼 있다고 믿기 때문에 두려워하기 시작한다. 장로는 성자가 되기 직전의 단계에 있다고 사람들이 믿었기 때문에 죽은 후 시체가 그처럼 빨리 부패하는 것은 나쁜 징조로 해석된다.

조시마에게 불만을 느꼈던 수도사들과 조시마 신부의 적들이 이내 행동에 나선다. 그들은 부패하는 시체가 바로 그가 성자가 아니라는 증거라고 재빨리 발표한다. 그가 설교한 원리들은 마침내 부정확한 것이 입증되었다고 선언한다. 마을 주민들은 혼란을 느낀다. 전통과 미신이 그들의 머릿속에 배어 있다. 그들은 무언가 경이적인 현상을 기대했지만 조시마가 사탄의 제자였을 가능성을 가리키는 징조를 기대한 것은 분명히 아니었다. 알료샤조차 대중들이 느끼는 공포에서 벗어나지 못한다. 그는 그러한 불명예가 장로의 죽음에 수반되도록 하느님이 허용하는 것을 이해할 수 없다.

광신적 금욕주의자 페라폰트 신부는 조시마의 방으로 달려가 악마들을 퇴치하는 의식을 거행하기 시작한다. 그리고 다른 곳에서도 광기 어린 행위가 자행된다. 수도원 전체는 충성심과 불확실성 사이에서 느끼는 혼란 때문에 분열된다. 마침내 극단적인 페라폰트는 수도원을 떠나라는 명령을 받는다. 그러나 이런 명령이 내려진 직후 또 한 사람이 수도원을 떠난다. 알료샤도 떠난 것이다. 그는 슬픔을 삭이고 깊이 생각하기 위해 혼자 있을 수 있는 장소를 원한다.

혼자가 된 알료샤는 일어난 모든 사건들의 당위성에 다시 의문을 갖는다. 조시마가 응당 받아야 한다고 알료샤가 믿었던 영광을 받는 대신 스승은 지금 '끌어내려져 명예를 잃고' 있다. 알료샤는 하느님의 존재를 의심할 수는 없으나 어째서 그런 끔찍한 일이 벌어지도록 허용했는지 묻지 않을 수 없다.

앞서 알료샤를 조롱했던 신학생 라키틴이 알료샤의 슬퍼하는 모습을 비웃고 부패하는 조시마의 시체를 경멸하는 말을 해서 알료샤의 사색을 방해한다. 이 신학생은 사순절 기간 동안 수도사에게 금지되는 소시지와 보드카를 마시라고 알료샤를 유혹한다. 알료샤는 갑자기 두 가지 모두를 받아들인다. 더 나아가 라키틴은 함께 그루센카를 찾아가자는 의견을 내고, 알료샤는 다시 동의한다.

그루센카는 방문객들을 보고 놀라지만 평정을 되찾고는 중요한 전갈이 오기를 기다리는 중이라고 설명한다. 두 청년은 그 전갈 내용에 호기심을 느낀다. 그녀는 5년 전에 그녀를 사랑하면서도 버린 한 장교로부터 그 전갈이 오기로 되어 있다고 설명한다. 이제 그 장교가 이 지방으로 돌아와 그녀를 찾아오고 있다는 것이다.

그루센카는 알료샤가 낙담한 모습을 눈여겨보고 그의 무릎에 앉아 장난을 침으로써 즐겁게 해주려고 노력한다. 그러나 조시마 신부가 몇 시간 전에 죽었다는 소식을 듣고는 그녀 또한 양심의 가책을 받는다. 그녀는 자책하고 자신의 생활이 사악한 죄인의 생활이라고 비판한다. 알료샤는 대단한 친절과 이해심을 발휘해 위로하며 그녀의 말을 중단시키고, 불현듯 두 사람은 서로의 영혼 내부를 잠시 들여다보게 된다. 두 사람은 사랑과 신뢰를 느낀다. 그루센카는 부끄러워하지 않고 자신의 문제를 알료샤에게 이야기한다. 그녀는 이제 자기 생활을 부끄러워하지 않는다. 그루센카가 진심 어린 동정심을 표하기 때문에 알료샤는 조시마가 죽은 이후 느꼈던 극도의 우울함에서 벗어난다. 라키틴은 두 사람이 이처럼 갑작스럽게 동정심을 발휘하는 것을 이해하지 못한다. 특히 그루센카가 알료샤를 데려오라고 라키틴에게 돈을 주었다고 털어놓자, 앙심을 품게 된다. 그루센카는 연인으로부터 전갈이 도착하자 양해를 구하고 떠나면서, 드미트리에게 단 한 번 한 시간 동안 사랑했다는 말을 전해 달라고 알료샤에게 부탁한다.

　매우 늦은 시간에 수도원에 돌아온 알료샤는 조시마의 방으로 간다. 아직 많은 일들로 고민하는 그는 무릎을 꿇고 기도한다. 그는 파이시 신부가 요한복음에 묘사된 가나의 결혼식 대목을 읽는 소리를 듣는다. 피곤한 알료샤는 자장가처럼 들리는 신부의 부드러운 목소리 때문에 졸기 시작한다. 그는 그리스도와 다른 축하객들과 함께 가나의 결혼식에 참석하는 꿈을 꾼다. 조시마가 나타나 알료샤를 부른다. 조시마는 앞으로 나와 사람들과 어울리라고 말한다. 장로는 인간은 기쁨을 누려야 한다고 알료샤에게 일깨워준다. 그리고 알료샤가 오늘 그루셴카가 구원의 길을 찾는 것을 도왔다고 말한다.

　알료샤는 잠에서 깨어나 기쁨의 눈물을 흘린다. 그는 방 밖으로 나가 땅에 엎드려 땅을 껴안고 입을 맞춘다. 그의 가슴은 인생의 기쁨에 관한 새로운 지식과 새로운 이해로 환희를 느낀다.

· 풀어보기

　알료샤의 생애에서 발생한 이 단 한 차례의 위기에 앞서 도스토예프스키는 소설 전체를 통해 독자에게 그것을 준비하도록 유도해 왔다. 조시마의 죽음에 기적이 따를 것이라는 암시를 여러 차례 했지만 이반의 대심문관 이야기의 중심 요점 가운데 하나는 인간이 신의 현신이나 기적의 도움 없이 다른 사람의 가르침을 자유롭게 믿어야 한다는 것이다. 뿐만 아니라 한 사람의 믿음은, 심각한 의문을 느끼는 시기에서 극복해냄으로써 크게 강화될 수 있다. 이번 장에서 도스토예프스키는 알료샤가 시험당하는 것을 보여준다. 이 시험은 그리스도가 광야에서 받은 시험과 같은 맥락이다. 만약 알료샤가 성공적으로 시험을 통과하면 사회 안으로 들어가 영향을 미칠 수 있는 자질을 얻게 된다.

물론 알료샤 자신은 기적이 필요하지 않지만 다른 사람들이 기적을 필요로 한다는 것을 인정한다. 기적은 일어나지 않고 시체가 부패하기 때문에 조시마에 관한 기억을 둘러싸고 악의적인 소문이 나돌게 될 것이다. 그는 지극히 성스러운 사람들이 야유와 조롱에 노출되는 것을 참을 수 없다. 시체의 빠른 부패로 인한 모욕은 불필요한 것이다.

알료샤는 이러한 여러 가지 의문을 제기함으로써 이반과 가까운 대열에 서게 된다. 이반 역시 동생처럼 하느님의 정의에 대해 의문을 제기했으나, 알료샤는 형처럼 하느님의 존재에 대해서는 의문을 제기하지 않고 오직 하느님의 정의에 대해서만 관심을 보인다. 라키틴이 등장할 때 알료샤는 "나는 하느님에게 반역하는 것이 아니다. 단지 그분의 세계를 받아들이지 않는다"고 말함으로써 이반의 주장과 비슷한 생각을 표현한다. 그러나 카라마조프 형제들은 하느님 자체가 아니라 정의에 관심을 기울인다.

물론 알료샤는 그리스도가 그러한 야유와 조롱을 받았

다는 것을 깨닫는다. 그러나 그는 잠시 유혹에 넘어가 이런 방식으로 신에 준하는 존재가 아닌 인간, 유한한 인간이 된다. 나중에 그는 유혹에 저항한 용기로 인해 더욱 깊은 존경을 받을 수 있다. 알료샤는 의문을 제기하고 이를 통해 독자는 의문의 가치를 깨닫는다. 의문을 제기하지 않고 모든 것을 담담하게 받아들이는 것은 용기 있거나 존경할 만한 행동이 아니다. 그런 식의 인정은 단지 깊이가 얕고 미숙한 태도다. 알료샤는 수도원의 서약을 거부하고, 소시지와 보드카를 받아들이고, 그루센카를 만나러 갈 때 잠시 정신적인 반항을 하지만 더욱 강한 신앙심을 갖게 된다.

소설 전체 줄거리를 보다 큰 관점에서 볼 때, 이반이 조시마가 죽던 날 마을을 떠난 사실을 상기할 필요가 있다. 알료샤가 그루센카에게 도착하던 때와 거의 같은 시각에 이반은 기차를 탄다. 표도르 살인사건이 발생하는 것도, 알료샤가 신앙을 되찾고 조시마 신부가 옹호한 원칙들에 다시 헌신하게 된 것도 이날 밤 늦은 시각이다.

알료샤의 변신이 당초 그루센카와 만난 결과라는 점은 역설적이다. 그는 수도원의 규칙에 저항하고 그루센카를 찾아간다. 그루센카는 순결한 알료샤를 유혹하고 싶어 한다. 그의 순결은 그녀에게 위협적이다. 그러나 두 사람이 만났을 때 알료샤는 그루센카가 비난할 수 없는 여자란 사실을 깨닫는다. 알료샤는 자신이 겪는 고통에 그녀가 동정적으로 반응할 수 있는 '사랑하는 마음'을 지닌 것을 알게 된다. 알료샤는 그녀에게 고백하는 과정에서 사악한 여자를 발견하리란 생각을 품고 찾아온 사실을 인정한다. 그러한 정직한 태도는 전염성을 가지며 사람을 변화시킨다. 그루센카는 말한다. "그는 나를 동정한 최초이자 유일한 사람입니다… 나는 평생 당신 같은 사람을 기다려 왔습니다. 당신 같은 사람이 찾아와 나를 용서하리란 것을 알고 있었습니다." 그리고 모든 사람들이 기대하듯 기적처럼은 아닐지 모르나, 유혹과 순결이 새로운 삶과 동정을 만들어낸다. 하지만 그런 설명은 기적에 관한 설명과는 거리가 멀다. 알료샤는 조시마의 가르침을 따랐을 뿐이다. 그는 그루센카를 사랑했다. 그는 그루센카를 비난하지 않았고, 그 둘은 갑자기 자아를 다시 발견하게 된다.

이 장면의 끝에서 알료샤와 그루센카가 서로 끌리는 것을 이해할 수 없었던 라키틴은 자신이 그루센카에게서 25루블을 받았기 때문에 알료샤가 자기를 싫어한다고 생각한다. 그러나 알료샤는 라키틴을 심판하지 않는다. 라키틴은 스스로 심판하고 자신의 죄를 발견하기 때문에 떠난 것이다.

수도원에 돌아온 알료샤는 '감미로운 기분을 느끼는' 복잡한 심경이 된다. 그는 그루센카와 이때 단 한 번 만난 경험을 통해 조시마가 설교한 내용 대부분의 가치를 깨닫는다. 그는 그루센카 같은 사람에게 반응하는 것이 자신의 전체 인생관을 어떻게 변화시키는지 경험했다. 그는 갑자기 전 세계와 자신이 평화로운 관계를 맺었다는 생각을 한다.

알료샤는 수도사가 가나의 결혼식에 관한 성경 구절을 낭독하는 소리를 들으며 그리스도가 사람들에게 즐거움을 주기 위해 이 세상에 왔다는 것을 깨닫는다. 그리스도는 기쁨과 사랑의 메시지를 설파하려고 온 것이다. 이는 바로 조시마 신부가 옹호한 개념이다. 그는 꿈속에서 그리스도 옆에 있는 장로를 보고 장로와 그리스도가 가르치는 메시지가 어떤 '기적'보다 훨씬 중요하다는 것을 깨닫는다. 그는 사랑을 통해 지상 세계를 포용하고, 조시마가 말했던 모든 내용을 새로 완전히 이해하게 된다. 그는 새로운 확신을 느끼며 수도원을 떠난다. 마침내 조시마가 그에게 해야 한다고 말했던 세상에서의 자기 자리를 차지할 준비를 갖춘 것이다.

제 8 권

드미트리 체포되다

　드미트리는 그루센카가 자신을 남편으로 받아들일 가능성이 아직도 있다고 느낀다. 그러나 그녀가 자신을 받아들일 경우에도 카테리나 이바노브나에게 빚진 돈을 갚을 때까지는 정당하게 그루센카와 도피할 수 없다. 해결책을 찾기 위해 필사적으로 노력하던 그는 환상적인 계획을 생각해낸다. 그는 그루센카의 과거 보호자였던 늙은 삼소노프를 찾아가 재판 판결을 통해 표도르로부터 받게 될 것으로 생각되는 일부 재산에 대한 권리를 양도하는 대가로 3,000루블을 즉시 빌려달라고 한다. 물론 그 상인은 거부하며 드미트리에게 악질적인 장난을 친다. 바로 그 재산을 놓고 표도르와 흥정중인 랴가비라는 상인을 만나라고 드미트리를 시골로 보내는 것이다.

　드미트리는 시계를 저당 잡힌 돈으로 마차를 빌려 이웃 마을로 가서 그 상인을 찾는다. 그 상인은 술에 만취해 있다. 드미트리는 깨우려고 노력하지만 깨울 수가 없어 다음날까지 기다린다. 상인이 계속 혼수상태에 빠져 있으므로 드미트리는 호흘라코프 부인에게 돈을 빌릴 수 있기를 희망하며 마을로 돌아온다. 그러나 부인은, 드미트리가 돈을 원한다면 금광으로 가야 한다고 설득하려고 애쓰면서, 한 푼도 빌려주지 않겠다고 단호히 거부한다.

　드미트리는 이어 그루센카에게 청혼하려고 찾아간다. 그러나 그녀가 집에 없는 것을 발견한다. 하녀는 도움이 되지 않는다. 하녀는 그루센카의 행방을 모르는 체 한다. 드미트리는 몹시 화를 낸다. 그는 놋쇠 절구공이를 집어 들고 아버지의 집으로 달려가 정원 안으로 숨어들어 불이 켜진 창문 안을 엿본다. 그루센카가 마침내 노인을 찾아왔다고 확신한 것이다. 그러나 아버지 혼자 마루를 서성이고 있다. 그는 그루센카가 그곳에 없는 것을 확인하려고 창문을 두드려 비밀신호를 보낸다. 노인이 창문을 열자 드미트리는 크게 안도한다. 그루센카는 아버지와 함께 있지 않다!

한편 늙은 하인 그리고리는 잠에서 깨어나 바람을 쐬려고 정원으로

간다. 정원을 나서는 드미트리를 보고 이 하인이 제지하려 한다. 그러나 혼란에 빠져 날뛰는 드미트리는 자신을 공격하려는 하인과 맞서 절구공이로 하인의 머리를 내리친다. 하인은 땅 위에 쓰러지고 드미트리는 하인이 죽었는지 확인하기 위해 잠시 멈춰 선다. 드미트리는 쏟아지는 피를 멈추려고 애쓰다가, 겁에 질려 절구공이를 내던지고 도망친다.

그루센카의 집으로 되돌아온 그는 그루센카의 행방을 밝히라고 하인들을 윽박지른다. 그는 대답을 듣고 심하게 고민한다. 첫 번째 애인과 재결합하려고 떠났다는 것이 하인들의 대답이었다. 드미트리는 이제 더 이상 그루센카에게 청혼할 수 없다고 생각한다. 그는 옆으로 물러나 그녀가 행복을 찾아 떠나도록 해야 한다. 그러나 그루센카를 마지막으로 한 번 더 보고 싶어 견딜 수 없을 지경이다. 그는 그녀를 만난 다음 자살할 것이다. 그의 장래는 그루센카와 아무런 관계도 없다. 그는 권총들을 담보물로 잡고 돈을 빌려주었던 하급장교 페르호틴을 찾아가 권총들을 돌려받는다. 페르호틴은 거액의 돈에다 피로 얼룩진 옷을 입고 있는 드미트리를 보고 깜짝 놀란다. 그는 드미트리와 함께 부근의 상점으로 간다. 그곳에서 그는 드미트리가 300루블어치의 음식과 포도주를 구입해 그루센카가 머물고 있다는 장소로 가기 위한 준비를 하는 동안 기다린다. 드미트리가 떠나는 것을 지켜본 페르호틴은 몇 가지 조사를 하기로 결심한다.

드미트리는 운이 좋았다. 그루센카는 그가 찾아간 곳에 실제로 있었다. 그는 여자의 방으로 들이닥친다. 그루센카는 몹시 놀라지만 평정을 회복하고 드미트리를 환영한다. 이때쯤 방 안에서는 축하 분위기가 가라앉고 짓눌린 듯한 기운이 감돈다. 드미트리가 준비한 포도주가 분위기에 다시 활기를 불어넣는 데 도움이 된다. 그루센카와 장교 남자 친구, 드미트리가 함께 카드놀이를 한다. 그러나 모든 것이 순탄하게 진행되지는 않는다. 그 폴란드 장교는 속임수를 쓰면서 역겹고 냉소적인 말을 내뱉기 시작한다. 그루센카는 움찔한다. 그녀는 그런 남자를 결코 사랑할 수 없다는 것을 깨닫는다. 그루센카가 정신적으로 고통스러워하는 것을 감지한 드미트리는 그 장교가 드디어 그루센카에게 모욕을 주자 장교를 다른 방으로 끌고 가서 가둔다. 이어 진정한 축하가 뒤를 잇고 그루센카는 오직 드미트리만을 사랑할 수 있다는 것을 깨닫는다.

드미트리는 그다지 운이 좋지 않다. 그는 그리고리를 때렸고 어쩌면 죽었을 가능성이 있기 때문에 고민한다. 또한 카테리나 이바노브나에게도 빚을 지고 있다. 그는 그루센카와 함께 두 사람의 장래에 관해 이야기하다가 한 무리의 경찰관들이 들이닥쳐 중단된다. 그들은 아버지 살해혐의로 드미트리를 체포한다.

: 풀어보기

지금까지 도스토예프스키는 줄거리를 의도적으로 느리게 진행시키면서 이반이 느끼는 지적 갈등과 조시마의 철학, 알료샤의 신비로운 삶의 확인을 묘사한다. 그러나 드미트리에게 할애된 이 부분에서는 줄거리를 숨 가쁜 속도로 진행시키면서 드미트리가 목숨과 사랑을 구하기 위해 미친 듯이 애쓰는 모습을 그린다.

가진 돈이 없는 사람이 얼마 남지 않은 명예를 구하려고 돈을 절실하게 필요로 할 때 느끼는 절망의 고통을 묘사하는 데 대가가 도스토예프스키다. 드미트리는 카테리나가 빌려준 돈을 거의 다 썼고, 남은 돈은 감춰두었지만 전액을 갚을 때까지는 그루센카와 도망칠 수 없다고 생각한다. 그는 그루센카와 새 생활을 시작하고 또한 성실성을 지키려면 돈을 구해야 한다. 그루센카와 도망치는 데 카테리나의 돈을 사용하는 것은 극도로 비열하고 가장 타락한 행위라고 생각한다. 이 시점에서 그가 한 발 물러서서 그루센카가 옛 애인에게 돌아가도록 그냥 두기로 결정할 경우 자살할 결심을 했던 것을 독자는 유의할 필요가 있다. 드미트리는 문제의 돈을 횡령하는 데 대해 양심의 가책을 별로 느끼지 않을 때에도 이 같은 결심을 지키려 했다. 드미트리가 그것이 덜 불명예스럽다고 생각해서가 아니라 자살에 뜻을 두고 있기 때문에 불명예에 직면할 필요가 없다.

　도스토예프스키는 드미트리를 통해 존경할 만한 성격을 제시하지는 않는다. 작가는 드미트리의 금전적 곤경이 돈에 대한 무책임한 태도에 기인한다는 것을 독자에게 계속 일깨워준다. 그가 돈을 빌려줄 사람을 미친 듯이 찾는 것과 그의 불합리한 각종 제안은 그의 부족한 통찰력을 드러낸다. 그는 또한 늙은 상인 삼소노프가 자기를 놀리고 있으며 부질없는 노력을 하도록 만든다는 것을 눈치 챌 능력도 없다. 드미트리가 제정신을 차리는 데는 이틀이 걸린다. 그러나 이틀 후에도 여전히 호흘라코프 부인에게 돈을 빌려주도록 설득하려고 애쓴다. 그가 좀더 이성적이었다면 부인이 자기를 아주 싫어한다는 사실을 알 것이다. 그리고 이처럼 애걸하는 장면들은 돈에 몰린 드미트리가 얼마나 필사적이 되는지 보여준다. 이 한 가지 사실만으로도 그가 아버지를 죽였다는 혐의를 받기에 충분하다.

　독자가 드미트리를 살인범이라고 추정하는 것이 자연스럽고 논리적으로 보이도록 도스토예프스키가 줄거리를 전개시킨 점 또한 기억할 필요가 있다. 이 장에 제시된 모든 구체적 정황은 드미트리에게 불리한 유죄의 증거가 된다. 또한 드미트리의 갖가지 생각조차도 그에 대한 혐의를 강화한다. 예를 들어 그는 호흘라코프 부인을 만나러 갈 때 이렇게 생각한다. "마지막 희망… 이번 시도가 실패할 경우 3,000루블을 구하려면 강도질을 하거나 누구를 죽이는 것 외에 이 세상에서 아무런 수단도 남지 않는다." 광적인 상태에 빠진 감정과 더불어 그런 증거는 독자로 하여금 드미트리가 실제로 아버지를 살해한 죄인이라고 추정하도록 만든다.

　무엇보다도 사소한 거짓말 한 마디가 드미트리의 체포에 일조한 것은 역설적이다. 그루센카의 하녀 페냐는 그에게 거짓말을 한다. 그녀는 그루센카의 행방을 모른다고 말하고, 그로 인해 드미트리는 그루센카를 찾기 위해 어쩔 수 없이 아버지의 집으로 간다. 그녀가 사실을 밝혔다면 드미트리는 살인현장에 나타나지 않았을 것이다. 그리고리를 피투성이로 만들지도 않았을 것이다.

드미트리의 자살 결심은 지극히 믿을 만하다. 그루센카를 만나기 위해 모크로에로 가는 도중 그는 그루센카를 만난 다음 자살하겠다는 결심을 확고히 굳힌다. 실제로 그가 빌린 카테리나 이바노브나의 돈 가운데 쓰고 남은 나머지를 써버리는 단순한 사실과 그리고리가 부상으로 죽을지도 모를 상황을 그대로 방치한 사실은 모두 그가 미래에는 더 이상 관심을 기울이지 않는다는 것을 시사한다. 그는 마차를 타고 가는 동안 그루센카의 길을 막을 수 없다는 것을 깨닫는다. 그러나 그녀를 한 번 더 보고 싶어 괴롭다. 그는 마차를 모는 농부에게 자기가 살면서 지은 죄를 모두 용서해 달라고 간청한다. 이런 부탁은 신부에게 하는 것이 정상이다. 공교롭게도 그는 이 마지막 행동을 통해 조시마 신부의 개념들 가운데 하나, 즉 주인과 하인의 구분을 거부하고 모든 인간의 상호 책임에 관한 개념을 상기시킨다.

드미트리는 자살 의도가 확고하며 무엇보다도 이것은 그의 영혼이 느끼는 고뇌를 나타낸다. 그는 기도한다. "주여, 제 모든 범죄와 더불어 저를 받아주소서. 저를 벌하지 마소서. 제가 당신의 심판을 지나가게 하소서—저 자신이 스스로를 벌했고… 오, 주여, 제가 당신을 사랑하므로 저를 벌하지 마소서. 저는 비열한 인간이지만 당신을 사랑합니다. 당신이 저를 지옥으로 보낼지라도 지옥에서 당신을 사랑할 것입니다. 지옥에서 당신을 영원히 사랑할 것이라고 소리 높여 외칠 것입니다." 이 기도 속에는 드미트리를 구원할 수 있는 가장 큰 가치가 들어 있다. 이것은 조시마가 인식했던 드미트리의 성격에 관한 열쇠다. 드미트리는 장로가 말한 '민중'의 한 사람이다. 그는 죄를 짓게 되지만 여전히 하느님을 사랑하는 그런 사람들 가운데 하나다. 그러한 사랑이 사람을 구원으로 인도한다고 조시마는 말했다. 장로는 드미트리와 만난 초기에 그러한 사랑을 알아차렸다. 이제부터 젊은 카라마조프는 구원과 속죄를 향한 느린 여행을 시작하면서 이 사랑과 사랑의 힘에 의지하게 된다.

제 9 권

드미트리의 살인혐의는 점점 확실해지고

페르호틴의 호기심은 질릴 정도다. 그는 드미트리를 의심할 수밖에 없었으므로 드미트리가 한 설명의 진실 여부를 조사하기로 결심한다. 그는 그루센카의 하녀를 찾아가 절구공이에 관한 사실을 확인한 다음, 호흘라코프 부인의 집에 가서 돈에 관한 드미트리의 이야기를 확인한다. 호흘라코프 부인은 그처럼 늦은 밤에 잠자다 불려나오자 짜증을 내지만 이유를 듣고는 드미트리에게 아무것도 주지 않았다고 힘주어 말한다.

페르호틴은 선택의 여지가 없다. 일어난 모든 사건을 경찰에 신고하는 것이 의무다. 그러나 그가 도착할 무렵 다른 사람들 역시 경찰에 제보할 소식을 갖고 있음을 알게 된다. 마르파는 표도르가 살해된 사실을 경찰에 신고했다.

조사가 뒤따르고 드미트리 카라마조프를 즉각 체포해야 된다는 결정이 내려진다. 드미트리는 체포되고 무죄를 주장하지만 물론 믿는 사람은 아무도 없다. 그루센카조차 믿지 않는다. 그녀는 방 안으로 뛰어 들어와 자신이 그를 살인으로 내몰았다고 소리치고, 그러나 영원히 그를 사랑할 것이라고 말한다. 대질심문에서 드미트리는 아버지를 미워한 죄가 있다고 인정한다. 그러나 증오에도 불구하고 자신은 노인을 죽이지 않았다고 주장한다. 경찰이 볼 때 그의 유죄혐의는 더욱 확실해 보인다. 드미트리는 마침내 몇 가지 사실을 더 인정하고는 아버지가 가지고 있던 3,000루블의 행방은 모른다고 자백한다. 그리고는 카테리나 이바노브나에게 진

빚을 갚기 위해 같은 액수의 돈이 절실히 필요했다는 것을 시인한다. 그는 자신을 살인과 결부시키는 것으로 보이는 사실들을 은폐하려 하지 않고, 올가미는 더욱 단단히 조여진다. 살인사건이 일어나던 날 밤의 행동에 대해 더욱 상세한 심문을 받은 드미트리는 아버지의 집을 방문한 사실을 포함해서 자신의 모든 행동을 설명한다. 그는 절구공이를 들고 간 사실도 인정하지만 왜 들고 갔는지는 설명하지 못한다. 그는 체포 당시 가지고 있던 거액의 출처 한 가지만 제외하고는 모든 면에서 정직하다.

드미트리는 옷을 벗으라는 명령을 받고 철저한 수색을 당한다. 경찰관들은 돈이 더 있는지 알아보려고 옷을 검사하다가 추가로 혈흔을 발견한다. 경찰관들은 옷을 증거로 삼기로 결정한다. 이어 드미트리는 상황의 심각성을 깨닫지 않을 수 없게 되고, 그 돈의 출처를 이야기한다. 그는 그

루센카와 함께 벌인 술잔치에 관해 설명하고, 카테리나가 주었던 3,000 루블 가운데 실제로는 절반만 썼다고 밝힌다. 나머지 절반은 보관해 두었다. 그러나 자살을 결심했기 때문에 더 이상 돈에 가치가 없다고 보았으며 마지막으로 사용하기로 했다고 설명했다.

다른 증인들이 소환되어 모두 드미트리가 술잔치에 3,000루블을 썼으며, 그 액수를 메우려면 3,000루블이 필요하다고 여러 차례 말했다는데 의견일치를 보인다. 증언을 위해 그루센카가 소환되자 드미트리는 자신이 살인자가 아니라고 맹세한다. 그녀는 드미트리가 진실을 말한다고 경찰관들을 설득하려고 애쓰지만 경찰관들이 자기 말을 신용하지 않는다고 확신한다.

경찰관들은 증인 조사를 한 차례 마친 후 드미트리를 감옥에 구금할 수밖에 없다는 결론을 내렸다고 통보한다. 그에게 그루센카와 작별인사를 나눌 시간이 허용된다. 그녀를 곤경에 빠뜨려 깊이 미안하게 생각하는 드미트리는 용서를 구하고 그녀는 그의 곁에 영원히 남겠다는 약속으로 화답한다.

: 풀어보기

드미트리의 과거 거짓말과 허풍이 합쳐져 그의 무죄주장을 무색하게 만든다. 드미트리가 살인동기가 있으며 자백한 바와 같이 범죄현장에도 있었다는 말은 맞다. 그 결론은 명백해 보인다. 도스토예프스키는 드미트리에 대한 기소사유가 완전한 설득력을 갖도록 여러 구체적 사실과 갖가지 정황을 치밀하게 배열했다. 드미트리는 유죄다. 그러나 수사에는 또 다른 측면이 존재한다. 경찰관들이 드미트리의 생활을 조사함에 따라 드미트리는 또한 자신의 생활을 살펴보고 자신의 과거가 갖는 성격과 의미를 깨닫기 시작한다. 이런 깨달음은 그의 변화를 크게 돕는다. 그처럼 급박한 상황에 비춰볼 경우에만 드미트리 같은 사람은 자신의 모든 행동을 평가하고 완전한 책임을 지는 것이 가능해진다.

그루셴카는 조시마 신부와 한 번도 이야기한 적이 없으나 장로의 지혜가 그녀의 새로운 자아발견에 부분적으로 기여했다. 예를 들어 범죄의 책임이 자신에게 있다고 소리침으로써 드미트리가 범한 죄의 책임을 자신이 지기 위해 애쓴다. 그녀는 노인과 아들의 욕정을 희롱했고, 그 결과 살인사건이 벌어졌다. 나중에 드미트리가 자신이 결백하다고 그녀에게 맹세할 때 그루셴카는 그 말의 진실을 확신한다. 그녀에게는 다른 증거는 필요 없다. 이 사실 하나만으로도 드미트리에 대한 사랑이 얼마나 큰지 분명해진다. 이는 조시마가 가르친 깊이 변화시키는 사랑이다.

처음에 드미트리는 자신의 결백을 경찰관들에게 납득시키는 것은 시간문제일 뿐이라고 생각한다. 그러나 심문과 증거제시가 거듭되며 그를 옥죄어 들어오기 시작하자 문제의 심각성을 알아차리기 시작한다. 그가 변화를 겪는 것은 그때다. 그는 변화의 필요성을 깨닫고, 자기 생활의 거의 모든 세부사

항을 자백하고는 수치심으로 괴로워한다. 경찰관들이 그의 유감스러운 과거생활을 세세하게 기록하고 있기 때문에 더욱 깊은 수치감을 느낀다.

그는 자신이 살인죄를 저지르지는 않았으나 사실상 죄인이라는 것을 재빨리 깨닫는다. 너무나 자주 아버지를 죽이겠다고 허풍을 떨었고, 너무나 자주 아버지가 죽기를 바랐다. 이제 그 모든 행동이 심판을 받게 되고, 글자 그대로 치안판사 앞에 알몸으로 서 있다. 그의 생애 전체의 수치가 모든 역겨운 부패행위 속에서 드러난다.

도스토예프스키는 여러 소설에서 경찰의 행위, 즉 경찰관들의 수사 진행방법에 관심을 기울인다. 그는 심문내용을 특히 자세하게 묘사한다. 그리고 드미트리 카라마조프의 심문이 진행되는 동안 시종일관 사법절차를 왜곡시키지 않는다. 경찰관들은 정직하고 통찰력이 있는 사람들로서 합리적인 결론에 도달하는 것으로 묘사된다. 드미트리는 야만적으로 풍자된 가학적인 인간들에 의해 심판되지 않는다. 증거의 논리가 존재한다.

드미트리가 스메르자코프를 배려하는 것은 다소 역설적이다. 그는 그 요리사가 살인을 저지를 수 없다고 확신한다. 드미트리에 따르면 그는 '가장 비열한 성향의 겁쟁이'다.

어쩌면 드미트리의 가장 큰 속죄행위는 다음과 같은 행위일 것이다. 그는 스스로를 심판하고 결국 자신에게 부과된 고통을 달게 받아들인다. 그는 아버지의 피살에 대한 자기 몫의 죄와 모든 과거행위에 대한 책임을 인정하고, 경찰관들에게 탄식조로 말한다. "나는 가슴에서 피를 흘리며 이 밤에 많은 것을 배웠다는 사실을 재차 말씀드립니다. 악한으로 사는 것뿐만 아니라 악한으로 죽는 것 역시 불가능하다는 것도 알았습니다."

드미트리의 꿈은 그의 구원을 알리는 추가증거다. 그는 어느 추운 겨울날 스텝 초원을 지나면서 불탄 마을과 우는 아기를 안고 있는 수척한 여자를 보는 꿈을 꾼다. 그 가난한 사람들에게 동정심을 느끼는 드미트리의 마음이 아프다. 그는 이 사람들과 모든 인류에 대한 동정심과 사랑에 압도당한다. 이리하여 잠에서 깨어날 때에는 자신의 고통을 받아들일 자세가 되어 소리친다. "나는 고통에 의해 정화될 것이다." 그는 시련기를 거칠 용의가 있으며 책임을 지는 인물로 새롭게 나타난다.

제 4 부

제 10 권

 소년들과 친구가 되는 알료샤

과부의 외아들 콜랴 크라소트킨은 남달리 무모하고 모험심이 강하다는 평판을 듣는 열세 살짜리 조숙하고 독립심 강한 소년이다. 그는 일류샤가 이전에 주머니칼로 찌른 소년이기도 하다. 그러나 선량한 콜랴는 일류샤를 한 번도 원망하지 않았다. 지금 그는 복잡한 계획에 따라 페레즈본이란 개를 훈련시키고 있다.

드미트리의 재판 전날 어린 콜랴는 어머니의 소작민의 아들 두 명과 만난다. 그는 급한 심부름을 부탁받아 마음이 편하지 않다. 그는 하인이 돌아오자마자 떠난다. 일류샤를 찾아보는 것이 심부름이다. 알료샤가 소년들에게 죽어가는 일류샤에게 병문안을 가도록 권했다는 것을 콜랴는 알고 있었지만 오늘까지 한 번도 찾아가지 않았다.

그는 친구 한 명과 일류샤의 집에 도착해 함께 간 친구에게 알료샤를 불러달라고 부탁한다. 그는 알료샤와의 만남에 커다란 호기심을 느낀다. 두 사람은 만나자마자 친한 친구가 된다. 특히 알료샤가 콜랴를 동등하게 대하기 때문이다. 콜랴는 그동안 자기가 했던 행동의 배경을 새 친구에게 이야기한다. 그는 자신이 예전에 일류샤와 매우 친했으나 일류샤가 핀을 넣은 빵을 개에게 먹였다는 말을 듣고 혼내주려고 했다. 그러나 응징은 실패했고 콜랴는 주머니칼에 찔렸다. 이런 사건이 벌어진 후 일류샤는 추트치카란 개에 대해 심한 악감정을 갖게 되었다.

　알료샤는 콜랴를 집 안으로 데리고 들어간다. 일류샤는 옛날 친구를 다시 만나자 매우 기뻐한다. 그러나 콜랴는 그 개에 관한 이야기로 일류샤를 놀리기 시작한다. 이어 사람들이 말리기도 전에 콜랴는 훈련시킨 개를 불러들인다. 그 개가 바로 추트치카다. 모든 사람들이 즐거워하고 죽어가는 일류샤는 행복한 눈물을 흘린다. 콜랴는 지금까지 이 개를 훈련시키려고 일류샤를 만나러 오지 않았다고 설명한다.

카테리나가 모스크바에서 불러온 의사가 일류샤를 진찰하기 위해 도착하고 방문객들은 마지못해 방을 나간다. 밖에서 기다리는 동안 콜랴가 자신의 인생관을 설명할 때 알료샤는 주의 깊게 들으며 소년의 진정한 속내를 이해한다. 소년은 다른 사람들의 잡다한 철학을 두서없이 종합해 이야기함으로써 알료샤에게 감명을 주고 싶어 한다. 그러나 알료샤는 소년을 동정하고 소년이 약점을 고백할 때 특히 마음이 끌린다.

의사가 떠날 때 일류샤가 살 수 있는 기간이 길지 않다는 사실이 분명해진다. 일류샤조차도 자신이 죽어가고 있다는 것을 알고 있다. 그는 아버지를 위로하려고 애쓰고, 콜랴는 부자의 이런 장면에 깊은 감명을 받는다. 그는 죽어가는 소년을 더 자주 방문하겠다고 알료샤에게 약속한다.

: 풀어보기

일부 비평가들은 극도로 복잡하고 긴 이 소설에서 제10권은 전체적인 통일에 기여하지 못한다고 평가했다. 이 부분은 불필요한 구조상의 결함으로 종종 지적 받아왔다. 이 시점은 독자들이 일류샤가 아닌 드미트리에게 절박한 관심을 보이는 때라고 비평가들은 말한다. 그러나 폭력과 열정, 살인 등 무거운 주제를 다룬 장들이 많기 때문에 도스토예프스키가 젊고 신선한 분위기를 조금 삽입하려고 노력한 것이라고 설명할 수 있다. 독자는 드미트리의 운명을 생각하면서 느끼는 긴장으로부터 잠시 해방된다.

그러나 이러한 긴장완화는 이 부분에 가해지는 모든 비

판에 대한 해명으로서는 부족하다. 예를 들어 그 같은 이론은 분위기의 명백한 변화를 설명해 주지 못한다. 여기서 작가는 소설 전체에서 가장 두드러진 감상적 분위기를 끼워 넣는다. 그는 독자들의 감정을 희롱하는 듯이 보인다. 그리고 어린 콜랴의 여러 가지 감상적인 생활배경은 이 소설의 중심 부분이 아니다. 다만 콜랴를 알료샤가 훈련해 조시마 신부의 개념들을 실현할 임무를 부여받는 미래의 러시아 시민 중 한 사람이 되는 등장인물로서 설정했다는 큰 시각에서 볼 때에만 중심을 이룰 뿐이다.

그러나 어쩌면 이 부분의 진정한 목적은 알료샤가 러시아 청소년들 가운데에서 활동하며 조시마 철학의 산 모범이 되어 청소년들에게 조용히 영향을 미치는 것을 보여주려는 것일지 모른다. 러시아의 장래는 청소년과 평민들에게 달려 있고, 알료샤는 이 부분에서 콜랴에게 많은 것을 가르친다. 그는 소년을 대등한 인간으로 상대하고 이해하며 신뢰한다. 그는 콜랴에게 인생에 짓눌린 희귀한 성격의 사람들이 존재한다고 말하며 일류샤의 아버지를 심판할 수 없다고 가르친다. "일류샤의 아버지가 하는 광대짓은 여러 해 동안 그를 모욕하고 겁준 사람들을 역설적으로 대하는 방식에 불과하다"는 것이다.

알료샤는 또한 타인으로부터 배울 수 있는 것이 무엇인지 콜랴에게 가르친다. 그리고 알료샤는 콜랴를 포함한 모든 사람을 대등한 인간으로 받아들이기 때문에 사람들로 하여금 사랑의 감정을 느끼도록 만든다. 알료샤는 조용하고 모범적인 행동을 통해 적대감을 불러일으키지 않고 상대방의 미숙한 견해들을 바로잡아준다. 그는 콜랴의 두서없는 잡동사니 철학을 비난하지 않으려고 세심한 주의를 기울인다. 대신 소년의 견해에 동의하지 않지만 소년의 개념들을 멸시하는 것은 아니라고 설명한다. 콜랴가 알료샤의 가장 견실한 제자들 가운데 한 사람이 되리란 것은 소년의 반응으로 분명해진다.

제 11 권

드미트리가 체포되고 나서 2개월 동안 그루센카는 병을 앓았다. 이제 회복기에 접어들면서 대대적인 정신적 회복, 즉 '그녀 내부의 완전한 정신적 변화의 조짐들'도 나타난다. 또 다른 변화도 있다. 그녀와 알료샤는 매우 가까운 친구가 되고, 자신과 드미트리가 또 다투었다고 알료샤에게 고백한다. 뿐만 아니라 그녀는 드미트리가 다시 카테리나 이바노브나를 사랑하는 것에 대해 걱정한다. 그러나 그녀의 가장 큰 관심은 드미트리와 이반이 그녀에게 숨기는 한 가지 비밀이다. 그녀는 그 비밀이 무엇인지 알아내 달라고 알료샤에게 부탁한다. 알료샤는 도와주겠다고 약속한다.

알료샤는 드미트리에게 물어보러 가는 길에 리제를 방문한다. 그는 리제가 흥분해 안절부절못하는 것을 발견한다. 그녀는 하느님의 벌을 받기를 갈망한다고 말하며 어떤 사람이나 물건도 더 이상 존중할 수 없기 때문에 고통을 겪게 해달라고 정기적으로 기도한다고 덧붙인다. 그녀는 끊임없이 파괴욕구에 사로잡혀 있다고 느낀다. 이 소녀는 자신의 은밀한 생각을 고백하다가 히스테리를 부리면서 갑자기 알료샤를 떠나게 만든다. 그녀는 그가 떠난 뒤 이상한 행동을 한다. 고의로 손가락들을 문과 문틀 사이에 넣고 문을 힘껏 닫아 찧으며 자신을 비참한 인간이라고 부른다.

드미트리가 갇혀 있는 감옥에 도착한 알료샤는 라키틴이 떠나는 모습을 눈여겨본다. 그는 라키틴의 방문에 관해 드미트리에게 묻고, 드미트

리가 환경의 희생자이며 아버지를 죽일 수밖에 없었다는 것을 증명하는 논문 집필을 라키틴이 희망한다는 말을 듣는다. 이어 드미트리는 라키틴을 진지하게 생각하지 않으며 그의 '진보 사상들'이 재미있기 때문에 찾아오는 것을 참아준다고 어리둥절해 하는 알료샤에게 말한다. 좀더 진지해진 드미트리는 이제 과거의 생활과 죄에 대한 책임을 이해하고 회개하며 고통받을 준비가 되었다고 고백하면서, 아직도 충만하고 보람찬 인생을 살 수 있다고 확신한다. 그러나 그를 괴롭히는 유일한 문제는 그루센카와 관련된 것이다. 그루센카가 그를 따라 시베리아로 가는 것을 당국이 허용하지 않을 가능성이 있다고 생각하는 것이다. 그는 그루센카 없이는 여러 해의 유형생활을 감당할 수 없을 것이고, 따라서 결코 구원받을 수 없을 것이라고 걱정한다.

드미트리는 이반이 감옥으로 찾아와 탈출계획을 제시했다고 알료샤에게 말한다. 물론 이반은 형의 살인죄를 믿는다고 드미트리는 말한다. 그는 알료샤에게 고개를 돌리고 의견을 묻는다. 전에는 알료샤와 그처럼 솔직하게 이야기할 용기를 내지 못했다. 그는 "나는 형이 살인자라고 믿은 적이 한 번도 없다"는 알료샤의 말을 듣고 크게 안도하며 내부에서 용솟음치는 새로운 생명력을 느낀다.

알료샤는 드미트리에게서 떠나 곧바로 카테리나에게 간다. 막 그곳을 나서던 이반은 드미트리에 관한 알료샤의 이야기를 듣고서야 떠난다. 이반이 떠날 때 흥분한 카테리나가 알료샤에게 이반을 따라가라고 우긴다. 그녀는 이반이 미칠 것이라고 확신한다.

알료샤는 이반을 다시 만나기 위해 달려갔다가 또 다른 소식을 듣게 된다. 드미트리가 실제로 아버지를 살해했다는 것을 "결정적으로 입증하는… 문서를 카테리나가 갖고 있다"고 이반은 말한다. 알료샤는 그런 문서는 존재할 수 없다고 부인하고, 뒤이어 이반은 누가 살인자냐고 묻는다. 알료샤는 이반이 자책하는 것을 알고 있다고 하며 "아버지를 살해한 사람은 형이 아니다"고 말한다. 그는 이반을 확신시키기 위해 하느님이 자신을 여기로 보냈다고 덧붙인다. 알료샤의 종교적 신비주의에 신물이 난 이반은 갑자기 동생을 버려두고 떠난다.

그러나 이반의 구토증세는 전적으로 동생의 신비주의 때문은 아니다. 구토증세는 그보다 먼저 스메르자코프를 방문한 것과 거의 동시에 시작된다. 하인은 병원에서 회복중이고 살인사건이 일어나던 날 밤의 간질발작은 사실이라고 주장한다. 그는 이반이 살인사건이 곧 발생할 것을 짐작하고 범죄현장에서 멀어지기를 원했기 때문에 모스크바에 간 것을 이해한다고 덧붙인다. 이반은 스메르자코프가 간질발작을 날조할 수 있다는 것을 당국에 알리지 않겠다고 대답한다. 스메르자코프는 살인사건이 일어나기 전에 두 사람이 마지막으로 했던 특정한 대화내용에 관해 언급하지 않겠다고 말한다.

이반은 두 번째로 스메르자코프를 찾아갔을 때 살인사건 전에 두 사람이 나눈 마지막 대화에 관한 묘한 언급이 무엇을 의미하느냐고 묻는다. 스메르자코프는 이반이 유산의 많은 부분을 차지하기 위해 아버지의 죽음을 간절히 원했으며 집을 떠날 계획을 세움으로써 아버지의 살해를 암묵적으로 승인한 것이라고 설명한다.

스메르자코프가 아버지를 살해했을 경우 자신과의 공모가 분명하다는 것을 어렴풋이 깨달은 이반은 몹시 놀란 상태로 그 자리를 떠난다. 그는 카테리나를 찾아가 자신의 공모 사실과 죄를 설명한다. 카테리나는 잠시 이반의 불안을 누그러뜨리고, 드미트리가 그녀로부터 훔친 돈을 갚기 위해 필요할 경우 아버지를 죽이겠다는 내용이 적힌 드미트리의 편지를 보여준다. 편지를 본 이반은 마음이 진정된다. 스메르자코프가 아니라 드미트리가 틀림없이 악당이다.

이반은 재판 전날 밤까지 스메르자코프를 다시 만나지 않지만 하인은 자신의 모든 행적에 관해 거짓말 하는 데 지친다. 그는 자신이 표도르를 살해했다고 공공연히 시인하면서도 단독범행이 아니라고 강력하게 주장한다. 이반의 도구로서 행동했다는 것이다. "나는 당신 말에 따라 그렇게 행동했습니다." 그는 이어 살인의 이중책임을 계속 언급하며 살인방법을 아주 자세히 설명한다. 뿐만 아니라 두 사람이 했던 모든 철학적 토론을 상기시키면서 이반이 살인을 저지르게 만든 도덕적 정당화 구실을 주었노라고 비난한다. 이반은 마을을 떠남으로써 살인행위를 허용했을 뿐만 아니라 이 모든 사건을 저질렀다는 주장이다.

놀라고 당황한 이반은 하숙집으로 돌아간다. 그는 스메르자코프가 한 말을 다음날 재판에서 모두 밝힐 계획이다. 그러나 그는 자기 방에서 악마를 발견한다. 화려한 옷을 입은 중년 신사의 모습을 한 그 환영은 철저히 냉소적이고 비판적이다. 그 악마는 이반의 은밀한 두려움과 약점을 비웃으며 그의 내부에 있는 비밀의 가장 무서운 측면을 보도록 강요한다. 마침내 이반은 미쳐서 컵을 침입자에게 던진다. 그 순간 알료샤가 창문을 두드리는 소리가 들린다. 동생은 스메르자코프가 방금 전에 목을 매 자살했다는 소식을 알려준다. 이반은 알료샤에게 그가 겪은 일을 이야기하려 하지만 '악마' 때문에 정신이 너무나 산란해져 설명할 수가 없다. 알료샤는 이반이 신경쇠약에 시달리는 것을 보고 크게 놀란다. 그는 그날 밤 함께 머물며 형을 간호한다.

풀어보기

제11권은 1차적으로 이반의 죄를 묘사하는 데 중점을 두고 있다. 또 이반의 죄를 설명하고, 아버지 살해사건에서 그가 보이는 이중성을 자세히 보여준다. 특히 도스토예프스키는 (줄거리 차원에서 표도르의 살인범이 누구인가, 하는 수수께끼를 풀어주는) 스메르자코프와 이반의 세 차례 면담과 이반이 상상의 악마와 나눈 대화를 강조하면서, 법적 유죄에 관한 줄거리 상의 의문으로부터 독자의 관심을 돌려 형이상학적인 죄로 인한 이반의 복잡한 딜레마를 보여주는 기법을 사용한다.

또한 여기에서는 드미트리가 갇혀 있는 2개월 동안 일어난 사건들의 배경을 설명한다. 드미트리가 체포된 뒤 그루센카가 병에 걸려 누운 사실을 독자에게 알리는 것은 작가의 전체적인 시각에서 가장 중요하다. 도스토예프스키의 모든 소설에서 가장 두드러진 주요 개념들 가운데 하나는, 범죄(범죄 연루)에 질병이 종종 수반된다는 이론이다. 그루센카가 카라마조프의 살해에서 자신이 담당한 역할을 깨달은 후 병에 걸리고, 이반 역시 범죄에 연루된 사실을 깨닫고 중병에 걸린다. 그러므로 작가는 범죄와 질병을 짝지으면서 훨씬 중요한 주장을 펼친다. 병에 걸려 고통을 당하기 때문에 그루센카는 재생한다. 고통을 통해 깨닫는다는 것은 이 소설의 중요한 방정식 가운데 하나다. 도스토예프스키는 자신의 주장을 강조하기 위해 감수성이 풍부한 그루센카와 대비되는 변덕스럽고 유치한 리제의 허풍을 기록한다. 이 어린 처녀는 배우기 위해 고통이 필요하고, 다른 사람들이 고통받도록 만드는 것을 좋아한다. 그러나 정신적으로 깊이가 없고 피상적이다. 예를 들어 그녀가 규정하는 고통은 설탕에 절인 파인애플을 어린아이들 앞에서 먹는 것이 어린이들을 벌하는 것이다. 그리고 자기 손가락을 문으로 찧음으로써 자신을 벌한다.

이 파괴적인 소녀는 도스토예프스키의 여러 이론을 뒤집고 모든 사람과 모든 것을 욕하는 데서 기쁨을 느낀다. 그녀의 도착적 행위는 보다 건전한 그루센카의 영혼과 뚜렷한 대비를 이룬다.

다음에는 드미트리의 재생과정이 기록된다. 드미트리는 이반의 탈출제안과 탈출자금에 관해 깊이 생각한다. 과거였다면 충동적으로 도망쳤을지 모른다. 지금은 조시마식 인간

유형으로 발전했다. 그는 자신에게 '모든 책임이 있다'고 말하면서, 이렇게 생각한다. "사람은 모든 것을 위해 가야 하기 때문에 나는 모든 것을 위해 간다. 나는 아버지를 죽이지 않았다. 그러나 가야 한다. 그것을 받아들여야 한다." 뿐만 아니라 그는 갇혀 살아야 할지라도 인생이 즐거움으로 충만하다는 것을 믿는다. 그러므로 드미트리가 처한 딜레마는 이렇다. 자신의 고통을 받아들이고 싶고, 고통을 통한 구원을 기대한다. 그러나 그루센카가 곁에서 영감을 제공하는 역할을 해주지 않으면 고통을 견딜 수 없다. 이반의 탈출계획을 받아들일 경우 그는 자신의 구원을 일부 거부하는 것이 아닐까?

이반은 드미트리에게 죄가 있다고 믿기 때문에 탈출계획을 알료샤에게 알리고 도움을 청한다. 알료샤는 형이 살인자라고 결코 믿지 않는다고 재차 다짐한다. 이어 알료샤는 이반을 찾으러 나갔다가 그가 신경쇠약 직전에 있는 것을 발견한다.

이반이 스메르자코프와 첫 번째로 이야기를 나눌 때 스메르자코프는 이반이 카라마조프 집안 내부에서 폭력행위가 준비되고 있다는 것을 이미 알았기 때문에 도망친 것이라고 말한다. 스메르자코프는 한 걸음 더 나아가 이반과 자신이 매우 닮은 점을 상기시킨다. 이반은 이 두 가지 개념을 모두 받아들이지 않지만 그 지적에 대해 곰곰이 생각한다. 그는 스메르자코프와 헤어지면서 '스메르자코프의 마지막 말 속에 모욕적인 의미'가 담겨 있다고 느낀다. 그가 두 번째 면담을 하려고 찾아간 것은 이 모호한 발언 때문이다.

　다음 면담을 할 때 스메르쟈코프는 이반이 아버지의 죽음을 원했다고 노골적으로 비난하면서 이렇게 말한다. "당신은 예감했으면서도 집을 떠났습니다." 이는 사실상 이반이 아버지를 살해하라고 스메르쟈코프를 공공연히 유도한 행위라는 것이다. 이반은 몸을 움츠리고 스메르쟈코프를 경찰에 고발하겠다고 위협하지만 하인은 교활하다. 그는 경찰의 눈으로 보면 이반 역시 불명예를 당하고 공범으로 몰릴 것이란 점을 상기시킨다. 이반은 스메르쟈코프의 협박이 실현될 가능성이 있음을 깨닫고 자신에게 죄가 있다는 것을 차츰 깨닫는다. 실제로나 법적으로 스메르쟈코프가 살인자지만 이반도 죄의 일부를 함께 짊어져야 한다. 이렇게 깨닫고 나서 마음이 무거워진 이반은 이내 절망에 빠진다. 그 후 카테리나로부터 아버지 살해계획을 밝힌 드미트리의 편지를 받아 읽고는 더욱 큰 혼란에 빠진다. 그의 불안은 마침내 가라앉지만 이제는 스메르쟈코프가 아버지를 살해했는지 확신할 수 없다. 그는 세 번째 면담을 하러 간다.

　이제 이반과 스메르쟈코프 둘 다 병에 걸려 더 이상 수수께끼식 대화를 할 수 없다. 스메르쟈코프는 이반에게 대놓고 말한다. "당신이 그를 죽였습니다. 진정한 살인범은 당신입니다. 나는 단지 당신의 도구이고 충실한 하인일 뿐입니다. 나는 당신 말에 따라 살인을 저지른 것입니다." 스메르자코프는 '영생이 없다면 모든 행위가 합법적'이라는 철학을 이반에게 상기시키고, 이반이 집을 떠남으로써 살인에 동조한 점도 일깨워준다. "당신은 집을 떠나는 데 동의함으로써 말없이 살인 행위를 승인했습니다." 그러나 그는 스메르자코프가 살인자란 사실을 아직도 받아들일 수 없다. 하인의 말이 사실이라면 실제로 하인이 살인을 했다 하더라도 죄는 그에게 있다.

이반은 그날 밤 그를 괴롭히는 악마의 형상으로 나타난 자신의 양심과 대면한다. 산 사람의 유령으로 나타난 악마는 이반의 변형된 모습으로서 재치가 있고 세련되고 총명하다. 그는 광적인 상태에 빠진 이반에게 아무것도 확인해 주지 않는다. 악마는 이반의 모든 질문에 대해 또 다른 질문으로만 응수하고, 이반의 가장 은밀한 개인적 두려움을 번번이 조롱한다.

제11권 끝부분에서 알료샤는 스메르자코프의 죽음 소식을 가지고 당도하지만 이반은 그의 운명에 아무런 관심이 없다. 자신의 죄를 깨닫고 극도의 수치심과 혼란을 느낀 그는 현실감각을 완전히 상실한다.

제 12 권

:줄거리 드미트리의 재판이 열리다

드미트리의 재판 날이 되어 법정은 전국의 먼 지방에서 온 호기심 많은 방청객들로 가득하다. 그 재판은 사회적으로 많은 관심을 불러일으켰다. 장차 논의될 아버지 살해의 끔찍한 구체적 사항 외에 유명한 형사재판 변호사 페추코비치가 드미트리의 변호를 맡아 모스크바에서 내려왔으며 배심원들은 대부분 농부들로 이루어진 점에 주목할 필요가 있다. 농부들이 많은 논란을 빚은 사건의 미묘한 측면들을 이해할 수 있을까?

드미트리는 몸에 잘 맞는 새 프록코트를 입고 법정에 들어선다. 이어 판사가 기소내용을 읽고 그의 유죄시인 여부를 묻는다. 드미트리는 이렇게 말한다. "나는 음주와 무절제… 나태와 방탕에 대한 죄를 인정합니다. 그러나 노친네의 죽음에 대한 죄는 지지 않았습니다…" 그러나 법정 안의 대다수 사람들, 심지어 드미트리를 좋아하는 사람들조차도 그에 대한 기소사유가 충분하다고 생각한다. 왜냐하면 대다수의 증거와 거의 모든 증언이 드미트리의 유죄를 입증하는 것으로 보이기 때문이다. 페추코비치는 뛰어난 법정변호사다. 그는 사건의 다양한 측면들을 모두 파악했다. 그리고리, 라키틴, 스네기료프 대위, 모크로에의 여관주인과 기타 사람들이 증인으로 소환되었을 때 모두의 증언에 내포된 일관성 결여를 지적하고 증인들의 성실성에 의문을 제기함으로써 모든 증언의 효력을 부인한다.

얼마 후 의학 전문가들이 드미트리의 정신상태를 증언하기 위해 소환되자 의사들은 각기 드미트리의 행동에 대해 서로 다른 원인을 제시한다. 따라서 의학적 증거가 너무나 상충되어 검사나 변호사 양쪽에 확실한 도움이 되지 않는다. 그러나 한 가지 작은 예외가 있다. 지방 의사인 헤르젠스투베는 드미트리의 소년 시절에 관한 몇 가지 재미나는 일화를 소개하여 방청객들에게 새로운 동정심을 유발한다.

알료샤는 형의 성실성을 잘 알기 때문에 형에게 유리한 증인이다. 그는 증언을 하는 동안 드미트리와 관련된 한 가지 사건을 기억해낸다. 그 일은 살인사건이 벌어지기 직전에 일어났다. 그의 증언은 사건 당시 드미트리가 거액을 소지하고 있었으며, 3,000루블 때문에 표도르를 살해하지 않았다는 것을 입증한다. 이 사실은 대부분의 사람들에게 깊은 인상을 주었고, 드미트리가 카라마조프의 비밀자금을 훔치지 않았음을 확신시킨다.

알료샤 다음으로 증인석에 선 카테리나는 드미트리가 그녀의 아버지를 파멸로부터 구하고, 협박과 그에 이은 유혹을 실행에 옮기지 않았다고 밝힌다. 그녀의 이야기에 대해서는 엇갈린 반응이 나온다. 드미트리는 그 일화가 그녀의 고결성에 심각한 타격을 주기 때문에 그녀가 밝힐 필요는 없었다고 느낀다. 이제 그녀가 드미트리에게 철저히 모욕당한 사실이 공개되었다. 그루센카는 드미트리가 결백하다고 격정적으로 소리친 것 외에는 드미트리의 변호에 별 도움을 주지 못한다.

이반은 아직 증언하지 않았다. 그의 증언은 병 때문에 연기되었다. 법정에 갑자기 나타난 그는 처음에는 조리 있게 발언하지도 못하고, 아무런 증거도 제시하지 못한다. 그는 떠나기 직전, 스메르자코프가 자신에게 준 3,000루블을 법정에 제시한다. 그는 스메르자코프가 살인자이고, 자신이 하인의 살인행위를 허용했다고 밝힌다. 그는 몹시 흥분해 자신의 모든 발언을 입증해 줄 증인이 있다고 말한다. 그 증인은 밤에 그를 찾아온 악마다. 히스테리를 일으킨 이반은 자신의 주장을 진실이라고 고집하지만 조리가 맞지 않는 소리를 외치다 법정에서 끌려 나간다.

휴정에 앞서 또 한 차례 놀라운 사태가 벌어진다. 카테리나가 앞서 했던 자신의 발언을 번복하고는, 드미트리가 아버지를 죽일지 모른다고 쓴 편지를 공개한다. 그녀는 이반이 정신질환을 앓고 있다는 것을 알기 때문에 그를 옹호한다. 그러자 그루센카가 카테리나를 뱀 같은 여자라고 비난해 소란이 뒤따른다. 마침내 질서가 회복되자 검사와 변호사가 결론을 내린다.

키릴로비치 검사가 다시 한 번 살인사건의 전모를 설명하고 카라마조프 가 사람들을 분석한다. 드미트리의 열정적이고 무절제한 성격을 강조하고 살인사건이 일어나기 전날 했던 행동과 발언을 상세하게 다시 나열한다. 검사는 드미트리가 폭력적인 성향 때문에 모든 문제를 범죄로 해결하려는 충동을 느끼는 바로 그런 유형의 사람이라고 주장한다. 검사는 이어 하인이 살인자의 자질을 하나도 갖지 않았다고 지적함으로써 스메르자코프가 살인자라는 이반의 이야기를 일축한다. 하인은 동기가 없을 뿐만 아니라 범죄가 발생한 날 밤 무능력 상태였다. 반면에 드미트리는 아버지에 대한 증오라는 동기를 가졌고 돈이 몹시 필요했다. 그가 카테리나에게 쓴 편지와 더불어 이 모든 사실은, 범죄가 드미트리 카라마조프의 사전계획에 의해 실행에 옮겨진 것임을 입증하는 결정적 근거다. 검사는 모든 범죄 가운데 가장 극악한 아들의 아버지 살해를 처벌함으로써 러시아 문명이 건설의 바탕으로 삼은 성스러운 정의의 원칙들과 도덕적 기초를 뒷받침해 줄 것을 배심원들에게 호소하면서 발언을 마친다.

페추코비치는 드미트리에게 불리한 모든 증거가 정황증거임을 강조하면서 변론을 시작한다. 개별적으로 검토할 경우 객관적 사실로 입증되는 증거는 하나도 없다고 주장한다. 강도행위가 저질러졌다는 실제 증거가 존재하지 않는 점도 지적한다. 표도르가 3,000루블을 보관하고 있다는 믿음은 오직 소문에 근거를 둔 것이며, 모크로에에서 쓴 돈의 출처에 관한 피고의 설명을 믿지 못할 까닭이 없다고 말한다. 그는 드미트리가 카테리나에게 쓴 편지가 만취와 절망의 소산물이며 사전 계획된 살인과 결부시킬 수 없다는 점을 배심원들에게 일깨워준다. 이어 모든 증거를 재검토한 변호사는 다음과 같은 중요한 사실을 최종적으로 지적한다. 표도르 살해는 아버지 살해가 아니다. 표도르는 피고에게 한 번도 아버지 노릇을 하지 않았고, 다른 아들들에게도 마찬가지다. 표도르의 육욕이 드미트리의 출생원인이 된 것은 사실이지만 표도르는 오직 그 면에서만 아버지다. 드미트리가 태어난 후 표도르는 아이를 계속 방치했고, 그 이후 아버지로서의 의무를 완전히 외면했다. 실제로 그는 아이를 버렸다. 일생 동안 드미트리는 학대를 당했고 이제 그가 유죄판결을 받는다면 배심원들은 그가 갱생하여 인간답게 살 수 있는 유일한 기회를 파괴하게 될 것이다. 변호사는 드미트리가 구원받을 수 있도록 자비를 베풀라고 간청한다. 그는 러시아적 정의의 목적은 처벌이 아니란 점을 배심원들에게 일깨워준다. 오히려 범죄자가 구원을 받고 부활하도록 도와주는 판결을 내려야 한다.

방청객들은 동정심과 감격에 압도되고 박수가 터져 나온다. 배심원단은 물러간다. 일반인들의 일치된 의견은 드미트리가 반드시 석방될 것이란 예상이었으나 실제는 반대다. 판결문에는 드미트리의 모든 혐의에 대해 유죄가 선고된다.

: 풀어보기

이 작품에는 드미트리의 재판과정이 상세히 기록된다. 여기에는 러시아 법정의 재판절차와 변호사들이 사용하는 심리전술에 대한 도스토예프스키의 오랜 관심을 보여주는 중요한 증거가 있다. 예를 들어 드미트리의 변호사 페추코비치는 현명하게 모든 증언의 근거를 무너뜨리고 증거로서의 신뢰성을 상실하게 만든다. 그는 특히 술을 잘 마시지 않는 그리고리가 살인사건이 일어나던 날 밤 취해서 '천국의 문이 열리는 것'을 볼 수 있었다는 점을 예리하게 지적한다. 마찬가지로 페추코비치는 모든 증언 가운데서 허점을 발견하여 확대함으로써 증거로서의 신뢰성이 희박하다는 것을 보여준다.

어느 시점까지, 날카로운 지성을 가진 드미트리의 변호사가 주도한 이 재판은 이반이 증언을 함으로써 새롭게 방향전환을 한다. 그는 자신이 알고 있는 사실을 모두 밝히고 살인에서 자신이 담당한 역할을 고백하고 싶어 하지만 조리가 서지 않는 말만 외친다. 무엇보다도 그는 신경쇠약에 시달린다. 이는 카테리나에게 어쩔 수 없이 증거를 제시하게 만든다. 혼란에 빠진 이 여자는 이반을 불명예로부터 구하려고, 드미트리가 빚진 돈을 갚기 위해 필요할 경우 아버지를 살해할 계획이라고 적은 편지를 공개한다. 이 편지가 드미트리의 유죄입증에 결정적인 역할을 한다.

제12권의 마지막 부분은 검사와 변호사의 장황한 발언내용을 소개한다. 검사와 변호사는 재판의 쟁점들을 요약하고 해석을 제시한다. 여기에서는 새로운 사실은 하나도 밝혀지지않는다. 그들의 발언은 이 시기에 러시아에서 대두되고 있던 법의식의 성격을 상세히 보여주는 역할을 한다.

에필로그

: 줄거리 각자 제 갈 길로

드미트리의 재판 후 알료샤는 이반이 의식을 잃고 심한 고열에 시달리며 누워 있는 카테리나의 집으로 간다. 카테리나는 불미스러운 소문에도 불구하고 이반을 자기 집으로 데려오도록 지시했다. 알료샤가 도착하자 그녀는 재판 도중에 공개한 증거에 대해 깊이 후회한다고 고백하고, 그러나 드미트리의 탈출계획이 이미 진행중이라고 말한다. 그녀는 추가로 도움이 필요하다고 설명한다. 알료샤가 적절한 관리들에게 뇌물을 주어 형을 도와야 한다는 것이다. 알료샤는 동의하지만 카테리나에게 드미트리를 방문하겠다는 약속을 하라고 강력히 권한다.

그후 알료샤는 형에게 가서 카테리나도 올 것이라고 말한다. 그러나 드미트리는 더욱 중요한 몇 가지 문제로 고민한다. 그는 회개하고 싶은 간절한 욕망과 고통을 통해 새 인간이 되는 것에 관해 설명하면서, 오직 한 가지만을 걱정한다. 그루센카가 그와 동행하도록 당국이 허가하지 않을 경우 자신의 뜻을 실천에 옮길 수 없다는 것이다. 알료샤는 탈출계획이 마련되어 있다고 설명한다. 드미트리는 마지못해 그 계획에 동의하며 한 가지 조건을 붙인다. 당분간만 도피한다는 것이다. 언젠가 그는 조국 러시아로 돌아와야 한다.

그때 카테리나가 들어오고, 그녀와 드미트리는 서로 용서를 구한다. 뜻밖에 그루센카가 도착하고, 카테리나가 그녀에게 용서를 구한다. 하지만 그루센카는 여전히 과거의 경쟁자에게 깊은 원한을 품고 있어 어떤 변명도 용납하지 않기 때문에 화해는 쉽게 이루어지지 않는다.

일류샤가 죽고, 알료샤는 소년의 장례식에 가기 위해 드미트리 곁을 떠난다. 매장 후 알료샤는 일류샤의 많은 학교 친구들과 이야기를 나누면서 이 순간 맺은 우정을 영원히 기억하라고 당부한다. 그는 이어 소년들 모두를 결코 잊지 않을 것이라고 약속한다. 소년들은 알료샤의 성실함에 깊은 감명을 받아 "카라마조프 만세!"를 외친다.

∴ 풀어보기

어느 의미에서 에필로그는 소설의 끝을 정리하는 19세기 풍속에 따르고 있다. 여기서 등장인물들의 마지막 운명이 밝혀지면서 독자는 모든 추측에서 해방된다. 드미트리는 이반의 탈출계획을 받아들이지만 알료샤의 승낙을 받은 뒤에 동의한다. 알료샤는 죽은 조시마 신부의 여러 가지 지시에 따른다. 그는 자기 형을 비난하지 않고, 형의 탈출에 반대하지 않는다. 간단히 말해 그는 드미트리에 대한 심판을 거부한다.

탈출을 하더라도, 드미트리가 많은 고통을 받으리라고 느끼는 점에 주목해야 한다. 그는 러시아와 밀접하게 연결되어 있는 것으로 묘사된다. 미국 망명. 그가 힘을 얻는 흙으로부터 격리되는 것은 그에게는 극단적인 처벌이다. 그의 계획은 가급적 빨리 조국으로 돌아와 신분을 숨기고 오지에서 살아가는 것이다. 물론 이 영원한 러시아 흙에 대한 사랑은 도스토예프스키의 조국애를 반영한다.

소설의 마지막에서는 모든 관심이 알료샤와 일류샤의 학교 친구들에게 쏠린다. 수도사 출신 알료샤는 러시아 사회의 성인들을 상대로는 별로 성공을 거두지 못하지만 어린이들에게는 큰 성과를 거둔다. 어린이들은 열성적으로 알료샤 주변에 모이고, 매우 뚜렷한 메시지인 사랑과 헌신에 관한 그의 연설에 마음을 터놓고 반응한다. 도스토예프스키는 조시마 신부의 지혜로 자란 청소년들이 러시아를 구원하게 될 것이라고 믿는다.

인물분석 노트

○ 표도르 카라마조프

카라마조프 가 형제들의 아버지이자 혐오스러운 호색가다. 그는 실제로 구원받을 수 있는 자질을 하나도 갖추지 않았다. 부패하고 부도덕하며 자기중심적이고 짐승 같은 욕망의 충족에만 냉소적으로 전념한다. 그는 이기적인 이유로 두 번 결혼했고, 두 아내를 조금도 존중하지 않았다. 그러나 자신을 존경하지 않는 사람이 다른 사람을 존경할 수 없는 것은 별로 놀라운 일이 못된다.

드미트리의 재판 때 지적된 바와 같이 그는 진정한 의미에서 어느 아들에게도 아버지 노릇을 하지 않았다. 젊었을 때는 자식들의 존재를 잊고 살았고 친척들이 아이들을 데려갈 때 안도했다. 나중에는 어떤 아들에게도 돈을 주지 않았다. 소설 속에서는 그 문제가 뚜렷이 언급되지 않지만 모든 정황에 따르면 그는 드미트리를 속여 그의 어머니가 남긴 유산의 많은 부분을 착복했다.

그가 하는 모든 행동의 본질은 속물근성이다. 그는 만나는 사람을 당황하게 만드는 데 즐거움을 느끼는 속된 광대처럼 살아간다. 그의 타락이 간접적으로 죽음으로 이어진 것은 놀라운 일이 못된다. 자기 아버지의 하인으로 성장해서 냉혹하게 아버지를 살해한 기묘한 간질병 환자 스메르자코프를 낳은 것은 마을의 백치 처녀 '악취 나는 리자베타'이다.

⭘ 드미트리

카라마조프의 장남으로 재산상속을 기대하면서 자란 유일한 아들이며, 소설의 중심인물로 간주될 수 있다. 소설은 표도르 카라마조프의 살해와 관련된 그의 죄를 중심으로 전개된다. 소설이 진행되는 과정에서 가장 현저한 변화를 겪는 인물이다.

드미트리는 이반과 같은 지적 자부심이 없으며, 동생의 형이상학적인 관심사들을 이해하지 못한다. 그는 기본적으로 하느님과 영생을 받아들이지만 동생 알료샤처럼 영적인 사람도 아니다. 일종의 '마돈나-소돔' 대칭의 중간에 자리하고 있다고 설명하는 것이 가장 정확할 듯하다. 그는 존재의 양극 사이를 시계추처럼 오간다. 비열하고 짐승 같은 욕망과 더불어 명예와 고귀함을 바라는 충동이 내부에 공존한다. 전형적인 러시아인은 죄를 짓는 한편 하느님을 사랑할 수 있다는 도스토예프스키의 신념이 드미트리의 이러한 자질을 부분적으로 설명해 줄 수 있다. 드미트리는 하느님이 자신을 지옥에 보낼지라도 하느님을 영원히 사랑할 것이라고 선언한다.

드미트리의 상반된 성격을 보여주는, 특히 가장 중요한 장면은 카테리나를 자기 방으로 유인해 유혹하기 위한 음모를 꾸미는 대목이다. 그녀가 도착하자 드미트리는 그 계획을 실행하지 못한다. 착한 본성에 따라 마음이 변한 것이었다.

드미트리의 혼란을 가중시키는 것은 이러한 양극단적인 성격에 시달리고 있다는 인식이다. 그는 '아름다움은 끔찍하고도 놀라운 것'이라고 말한다. 이는 아름다운 여자가 그의 육체적 욕망을 자극하는 동시에 고귀하고 고상한 사상들을 고취시킬 수 있다는 것을 의미한다.

그가 결백한 사건에서 중대한 범죄혐의를 받는 상황으로 내몰릴 때 자신의 모든 과거 행동의 결과에 직면하기 시작한다. 현재까지 그는 행동의 결과에 구애받지 않고 살았다. 무분별하게 돈을 낭비했고, 아버지의 돈을 강탈할 생각이라고 허풍을 떨었다. 이제 그의 성격은 변화하지 않을 수 없게 되었다. 그가 비극적인 인물로 대두되기 시작한 것은 경찰심문이 이뤄진 이후다. 그는 죄와 표리부동이란 면에서 자신이 떳떳하지 못하다는 것을 깨닫는다. 그는 아버지의 살인에 대해 결백하지만 다른 처벌을 기꺼이 받아들인다. 이 고통은 그의 인생을 변화시키고, 처음으로 부활에 관한 진정한 희망이 존재하게 된다.

o 이반

그의 기본적인 천성은 매우 독립적인 아이로 묘사되는 소설 초반에 규정된다. (기탄없이 타인의 도움을 받고 다른 사람을 돕는) 동생 알료샤와는 대조적으로 자유로이 도움을 받거나 관대한 행동을 할 수 없는 인물이다.

이반은 지적인 관심이 강하고 매우 근면하다. 이러한 자질이 나중에 그의 성격을 완전히 지배한다. 그 결과 독자는 행동이 아니라 사상을 통해 이반을 알게 된다. 다시 말해 지성이 그의 기본 성격을 규정한다.

그는 성인이 된 후 발언을 하는 경우가 드물며 자신의 복잡한 사상을 이해할 수 있을 것으로 보이는 사람들에게만 이야기를 한다. 예를 들어 다른 사람들과 함께 수도원으로 갈 때 말이 없고 내성적인 태도를 보인다. 대학시절에 쓴 평론에 관해 누군가 토의하기 시작할 때까지 말을 삼가며 기다린다. 이 평론은 그의 인간됨됨이를 이해하는 열쇠다. 그는 무신론자이지만 인류의 운명에 관심을 기울인다. 많은 연구를 한 결과 속세 인간의 고통과 고뇌에 동정심을 품게 된다. 그러나 그는 신앙만으로는 여러 가지 종교적 문제들을 정직하게 받아들일 수 없다. 인간의 논리와 부합되지 않는 것은 철저히 배격한다. 알료샤와 달리 하느님의 자비와 선함에 관한 추상적인 이론을 받아들일 필요가 없다. 왜냐하면 이 세상에서 불의와 고통의 사례를 너무나 많이 보았기 때문이다. 신의 존재에 대한 의문제기를 삼가면서도 이 세상이 하느님의 세계란 것을 인정하지 않는다. 무한히 선하고 정의로운 하느님은 무고한 사람이 고통받지 않는 세계를 창조했어야 한다는 것이다. 또한 하느님이 인간의 정신을 주었기 때문에 무고한 사람들의 고통이 위대한 계획의 일부라는 개념을 받아들이지 못한다. 하느님의 정의와 관련된 모든 이론이 이러한 하느님이 준 정신에 의해 이해되어야 한다는 것도 받아들일 수 없다. 유감스럽게도 논리는 인간이 받는 오랜 고통의 역사를 설명할 수 없다.

　　그는 갖가지 의문제기를 통해 '대심문관'이란 장편 산문시를 지었다. 시 속에서는 그리스도의 지상 재림을 상정한다. 그리스도는 또 다시 죽음의 위협을 받는데, 이번에는 교회에 의해 기소된다. 인류는 너무나 타락해 그리스도가 옹호하는 개념들을 받아들일 수 없다고 추기경이 설명하기 때문에 그리스도에게 두 번째 죽음이 요구된다. 결과적으로 교회는 그리스도가 인간에게 약속한 자유를 압수한다. 교회는 인간의 복지를 위해 인간을 노예로 만들었다. 시 속에서 이반은 인류에 대한 깊은 동정심을 밝힌다. 인류는 그리스도가 제시한 힘든 요구를 따를 능력이 없는 피조물이라고 생각한다.

　　이반은 보통사람이, 준수해야 할 어떤 형태의 도덕적 지시를 받지 않을 경우 무법시대가 초래된다고 생각하기 때문에 기독교적 윤리의 보편적 수용을 지지한다. 영생과 응보에 대한 건전한 두려움을 믿는 것은 범죄의 강력한 억제수단이라고 생각한다. 영생이 없으면 논리적으로 "모든 것이 허용되기 때문이다." 이반이 하인 스메르쟈코프에게 해준 이 말이 표도르 카라마조프의 살인을 유도한다. 하느님의 처벌이 없을 경우 모든 것이 허용된다고 확신한 스메르쟈코프는 어떤 행위도 자유로이 할 수 있다고 생각하고 살인을 선택한다.

○ 알료샤

표도르 카라마조프의 막내아들로, 이 소설 속의 긍정적 행위의 대부분을 구현하는 인물이다. 독자는 그가 어린 시절부터 모두의 사랑을 받는 듯이 보이는 낙천적인 사람이란 것을 알게 된다. 형 이반과 달리 기탄없이 자선을 받고 자선을 베푼다. 도스토예프스키는 그를 돈이 생기는 즉시 나눠주는 유형의 인물로 묘사한다.

그러나 흔한 그리스도적 인물은 아니다. 도스토예프스키의 소설에 등장하는 소위 모든 선한 인물들 가운데에서 알료샤는 가장 현실적이고 생동감 넘치는 인물로 보인다. 이는 그가 항상 사람들 속에서 활동하고 늘 성공하지는 못하나 조용히 친절과 사랑을 베푸는 사실에 부분적으로 기인한다.

독자와 처음 만날 때 그는 수도원에서 사는 수도승이었고 신앙심 깊은 조시마 신부의 특별제자였다. 이야기가 전개되는 과정에서 그는 조시마의 모든 가르침을 구현하는 살아 있는 화신이 된다. 그의 행동은 모두 장로로부터 배운 자질들을 반영한다. 이를테면, 사람들에 대한 비난을 거부한다. 모든 사람을 사랑하는 비범한 능력을 갖고 있다. 인간의 기본적인 선한 성품을 깊이 확신한다.

그러나 그가 쉽게 이런 신앙에 도달한 것은 아니다. 그가 신뢰받는 인물이 된 것은 하느님의 정의에 대한 믿음을 상실하지 않도록 노력한 결과다. 특히 조시마가 죽은 뒤 그는 조시마 같은 성스러운 사람이 역겨운 악취를 풍기는 시체의 부패로 조문객들에게 굴욕을 당하도록 허용한 것에 대해 하느님에게 의문을 제기한다. 그는 논리적인 이유 없이 고귀한 인간에게 불명예를 안겨주는 정의를 거부한다. 그는 의문을 제기하기 시작한 후 금지된 음식을 먹고, 보드카를 마시고, 음탕하고 행실이 나쁘다는 평판을 듣는 그루센카를 찾아가자는 권유를 받아들임으로써 수도원의 계율에서 벗어나고픈 유혹을 느낀다. 그러나 그루센카를 방문한 후 조시마가 설교한 모든 내용의 위대한 힘을 깨닫는다. 그는 그루센카에게 깊은 동정심을 느낀다. 그는 그녀를 비난하기를 거부함으로써 그녀 자신과 다른 사람들에 대한 그녀의 신뢰를 회복시킨다. 더욱 중요한 것은 그가 가장 강력하게 자신의 신앙을 회복하는 것이다.

알료샤의 신뢰성은 조시마의 메시지를 어른들에게 납득시키지 못하는 데서 강화된다. 그의 역할은 완벽하고 항상 성공하는 젊은 선교사 노릇이 아니다. 그는 자기 몫의 실패를 경험한다. 따라서 그가 거두는 성공은 더욱 중요해진다. 특히 소년들을 다루는 솜씨는 눈여겨볼 만하다. 그는 소년들을 대등한 인간으로 대우하고, 소년들은 그를 대등한 인간으로 대한다. 독자는 그가 설교와 강연을 하게 되고, 러시아가 젊은 카라마조프의 지혜를 배우게 되리란 것을 믿는다. 러시아의 운명이 결과적으로 알료샤의 신앙과 사랑의 메시지에 달려 있다고 도스토예프스키는 말하는 듯하다.

○ 그루센카

소설이 끝날 무렵 그루센카는 친슬라브적인 러시아 여성을 상징하게 된다. 그녀는 이상적인 러시아 남성상인 드미트리의 상대역이며, 아름다움은 즉각적인 관심을 끌지 않는다.

처음 소개될 때에는 변덕스럽고 고집 센 여자로 묘사된다. 그러나 그녀는 과거 애인으로부터 버림받는 고통을 당하고 마침내 재정적인 독립을 이뤄 '자유로운 영혼'이 된다.

그녀의 성격변화는 카라마조프 가의 아버지와 아들을 유혹하는 것으로 시작된다. 요부이자 장난꾼인 그녀는 두 남자가 서로 극단적인 질투를 하게 만든다. 그러나 자신의 무책임에 따른 결과를 깨닫자 살인을 둘러싼 죄에서 자기 몫을 부담한다. 어쩌면 그녀의 가장 큰 가치 중 하나는 성실한 성격일지 모른다. 앞서 첫 연인에게 성실했듯 마침내 드미트리에 대한 사랑을 깨닫고는 드미트리에게 영원히 충실할 것을 맹세한다. 뿐만 아니라 살인에 자신이 결부되어 있음을 인정하고 드미트리와 기꺼이 죄를 나누어 지려고 한다. 변덕스러운 과거에도 불구하고 이 모든 요소들은 그녀의 구원을 돕는다.

Review

원작에 대한 이해력을 테스트하는 난입니다. 에세이를 작성해 보면 〈카라마조프 가의 형제들〉에 대한 포괄적이고 의미 있는 파악이 가능해질 것입니다.

다음 주제에 대해 논술하시오.

1. 알료샤, 이반, 드미트리의 성격과 철학의 기본적 차이점을 논술하라.

2. 표도르 카라마조프의 성격을 간략하게 설명하고, 세 아들 각자와의 관계를 논술하라.

3. 표도르와 스메르자코프의 관계는 세 아들과의 관계와 어떻게 다른지 논술하라.

4. 이반은 스메르자코프에게 어떤 영향을 끼쳤는가? 이반과 다른 형제들과의 관계는 어떤가?

5. 대심문관에 관한 이반의 이야기는 소설 전반에 걸친 그의 총체적 견해와 어떤 관계가 있는가?

6. 인류의 고통에 대한 이반의 관심은 "대심문관"에 소개된 인류의 자유와 안전에 관한 이야기와 어떤 관계가 있는지 논술하라.

7. 이반이 제시한 철학적 견해들과 조시마 신부가 주장한 철학적 견해들을 비교하라.

8. 알료샤는 어떤 방식으로 조시마 신부의 가르침을 구현하는가?

9. 드미트리가 소설의 중심인물임을 정당화하는 논술문을 작성하라.

10. 드미트리의 회개와 고통을 감수하려는 욕구와 갱생은 어떤 방식으로 조시마의 가르침을 반영하고 있는지 논술하라.

11. 그루센카와 카테리나의 성격 및 역할을 비교하라.

12. 소설 전체의 줄거리 속에서, 알료샤와 소년들의 관계는 어떤 역할을 하는지 논술하라.

一以貫之
논술노트

一以貫之는 '논어'에 나오는 말로 '모든 것을 하나의 이치로 꿴다'는 뜻입니다.

논술의 주제와 문제 유형, 제시문들은 참으로 다양하고 가지각색입니다. 그러나 그 모든 것을 하나로 꿸 수 있습니다. '인간사회의 보편적 문제들에 대한 근원적인 물음에 답하는 자기 나름의 견해'라는 것이지요. 논술은 인간이면 누구나 부닥치는 개인적 또는 사회적 문제들에 대한 자기 나름의 고민이자 성찰입니다. 논술은 자기견해, 자기 가치관, 자기 삶에 대한 솔직한 고백입니다.

一以貫之 논술 연구모임은 '자신의 물음'과 '자신의 생각'을 갖고 '자신의 글'을 쓸 수 있도록 도와줍니다.

'카라마조프적'인 대지 살기

책 읽기의 괴로움

〈카라마조프 가의 형제들〉(이하 '카라마조프'), 누구나 한 번쯤 읽기를 시도하지만 첫 대목부터 턱 하니 막힌다. 누가 누군지 알 수 없는 이름들이 줄줄이 나온다. 이름은 또 왜 그리 긴지. 그 알 수 없는 인물들이 별 흥미도 없는 문제로 수도원 장로를 찾아간다. 상속 문제를 토론하러 갔으면 그 얘길 할 것이지, 아무 상관없는 교회재판 제도로 토론을 벌인다. 게다가 뒤늦게 등장한 노인은 정말이지 역겨운 모습이다. 그렇다고 이 대목이 이 소설에서 중요한 부분인 것 같지도 않다.

그래도 대작인데, 하면서 억지로 참고 넘기지만 가면 갈수록 힘들다. 엄청난 주제들이 수도 없이 쏟아진다. '신과 영생', '실천적 사랑', '선과 악', '죄 없는 자가 받는 고통', '빵과 자유', '기적', '양심의 평안', '천국과 지옥', '타인을 심판할 수 있는가', '신의 필요성', '미와 추(醜)', '국가와 종교', '근대적 재판', '지상낙원', '대지와 하늘' 등등. 하나씩만 해도 하염없을 주제들이 갈 길을 턱턱 막는다. 그러다보니 줄거리조차 파악하기 힘들 지경이다. 줄거리 따로, 주제 따로다.

종잡을 수 없는 등장인물들의 모습도 괴롭다. 표도르 카라마조프, 그러니까 드미트리, 이반, 알료샤, 스메르자코프의 아버지. 이 추잡하기 짝이 없는 인사의 입에서 불쑥 튀어나오는 고상한 말은 실로 경악스럽다. 그 아버지 못지않게 방탕한, 심지어 그루셴카를 차지하기 위해 아버지와 다투고 아버지를 패대기치기까지 하는 큰 아들 드미트리의 입에서 나오는 쉴러의 '환희의 찬가'가 대체 어울리기나 한가. 주변 인물들도 복잡하기는 마찬가지다. 음탕한 여인으로 알려진 그루셴카의 고결함, 지독한 가난에서 벗어날 돈을 얻고 기뻐하다가 돌연 돈을 구겨 던져버리는 스네기료프 대위, 온 세상을 경멸하는 스메르자코프가 애인에게 부르는 노래….

그러나 나는 이 책을 무척 좋아한다. 몇 년 전까지만 해도, '이집트의 피라미드보다 위대한 인류의 유산'이라며 찬양하기조차 했다. 이유는 간단하다. 인류가 수천 년간 싸안고 고민해왔던 온갖 문제들을 다 내놓고 하나하나 파들어 가고 있기 때문이다. 그냥 언급하는 정도가 아니라, 작가가 평생 생각했던 것들을 모조리 쏟아 붓는다. 그러면서도 하나의 뿌리를 끝까지 놓치지 않는다. 한 마디로 '일이관지'(一以貫之, 하나로써 모든 걸 꿰뚫는다)다. 줄거리가 불분명하고 등장인물들이 종잡을 수 없다는 점은, 처음 읽을 때는 무척 괴롭지만, 거듭 읽으면 그 모든 게 작가가 전달하려는 의도를 그림으로 보여주려는 장치라는 걸 깨닫게 된다. 그들과 정반대의 인물인 조시마와 알료샤의 모습도 작가가 치밀하게 준비한 것이라는 생각을 하게 된다.

난해하면서 웅장하다. 작으면서 크다. 세밀하면서 거칠다. 지금 현재 이 책에 대한 내 소감은 이렇다. 내 경우, 이런 맛을 보기까지 거의 10년은 걸린 듯 싶다. 해마다 반복해서 읽지만, 읽을 때마다 새롭다. 그래서 '지금 현재'의 소감을 말할 따름이다. 내년에 또 어떤 걸 만날지 모르므로. 따라서 이 괴로운 책은 참 즐거운 책이기도 하다.

한 가지 분명한 사실은, 이 작품이 도스토예프스키의 전 작품의 결론에 해당한다는 점이다. 미리 읽어 도움을 얻을 수 있는 책으로는 〈백치〉, 〈악령〉, 〈지하생활자의 수기〉, 그리고 〈죄와 벌〉이 있다. 이 책들을 읽고 나면, 시원함보다는 뭔가 2% 모자란 느낌이 남는다. 작가가 어떤 질문을 던진 것일 수도 있지만, 나는 작가조차 분명한 대답을 얻지 못했다고 생각한다. 가령, 유명한 〈죄와 벌〉에서 라스콜리니코프가 십자로에 입 맞추는 장면은 솔직히 잘 이해가 되지 않는다. 단순히 '거룩한 창녀' 소냐에게 감명을 받은 걸로는 설득력이 없다. 소냐의 무엇이 그로 하여금 대지를 긍정하게 했을까? 소냐는 어떻게 해서 그런 경지에 이를 수 있었을까? 〈악령〉의 스타브로긴의 경우도 납득하기 힘들다. 신을 죽여 버린 자의 자유를 구가하던 매력적인 그가 돌연 자살을 선택한 것은, 결국 종교와 윤리의 승리를 말하고자 함인가? 이것이 궁극적인 해답이 아니라면, 결국 도스토예프스키가 말하고자 하는 자유란 무엇인가? 이런 의문들이 〈카라마조프〉에서 드디어 풀리는 느낌을 받는다.

그것도 조시마 장로와 알료샤라는 범상찮은 인물을 통해서가 아니라, 그 잡다한 인물들의 기기묘묘한 삶을 통해서다.

그러므로 이 책을 읽으려는 분들에게 당부한다. 이 책을 논리적으로 이해하려는 생각은 버리시라. 이 책은 그림이다. 복잡한 구도와 수많은 물감과 끈적이는 기름으로 범벅(수많은 등장인물들)됐지만, 결국은 아주 단순한 대지의 이치(조시마와 알료샤)를 보여주려는 그림이다. 이해하기 힘든 장면이 나오면 그저 가만히 자기 삶을 돌아보면 된다. 고마운 비가 졸지에 홍수가 되기도 하는 대지의 운행을 떠올리면 된다. 결국 삶은, 대지는 그렇게 무한하면서 단순한 것이다.

분열들

〈카라마조프〉에 등장하는 인물들은 참 생생하다. 게걸스럽기 짝이 없는 아버지 표도르 카라마조프, 날것 그대로 펄떡이는 드미트리, 똑똑하나 무미건조한 이반, 기름기 질펀한 그루셴카, 눈동자를 희번덕이며 세상을 째려보는 스메르자코프, 스스로 '숭고한' 어리석은 카테리나, 교양을 덕지덕지 처바른 호흘라코프, 쥐뿔도 없으면서 아들만 쳐다보는 스네기료프, 위선 덩어리 라키틴….

그러나 이 인물평은 끊임없이 흔들린다. 천하의 잡놈 표도르도 진심으로 분노할 줄 알고, 그렇게 똑똑한 교양인일 수 없다. 그것을 작가는 이렇게 표현한다.

평생을 광대 짓으로 살아온 거짓말쟁이 늙은이도 잠시나마 진실로 몸을 부들부들 떨며 분노로 눈물을 흘리는 그런 모습을 보일 때가 있다.

이렇게 사람은 분열적이다. 이때 '분열적'이라 함은 하나의 선으로는 도무지 표현할 수 없을 정도로 그 선의 방향이 다양하다는 말이다. 선과 악, 미와 추, 현(賢)과 우(愚)가 뒤섞인 채 뒤죽박죽이다. 그러나 따지고 보면 그렇지 않은 사람은 어디에도 없다. 이것을 가장 잘 설명하는 것이 드미트리의 말이다.

내가 참을 수 없는 것은 남들과 달리 가슴이 뜨겁고 지혜가 뛰어난 인간도 마돈나의 이상에서 출발하여 소돔의 이상으로 끝을 맺는다는 사실이란다. 더욱 끔찍한 일은 소돔의 이상을 가진 인간은 마음속에서 마돈나의 이상을 부정하지 않고 순결한 청년 시절처럼 가슴속에서 진정으로, 진정으로 그것을 불태운다는 사실이란다. 아니야. 인간은 <u>광활해</u>, 너무나 광활해.

순결한 사랑(마돈나의 이상)을 꿈꾸면서 시작하지만 가장 음탕한 사랑(소돔의 이상)으로 끝나기도 하는 사랑이 있다. 거꾸로 소돔의 이상을 가진 자의 마음속에 마돈나의 이상이

꿈틀댄다. 이것이 우리네 삶이다. 하나의 나 속에 둘, 셋, 아니 무한대의 것이 들어 있는 것이다. 이것이 바로 내가 말하는 분열성이다. 혹시 분열성이라는 말이 거슬린다면, 이것을 작가의 표현대로 '광활함'이라 해도 무방하겠다.

따지고 보면 우리의 분열성 또는 광활함은 사실 당연한 것이다. 우리가 세계를 만나는 일차적 통로는 감각이다. 그런데 이 감각 자체가 분열적이다. 내 눈이 꽃을 보면서 좋아한다고 해서 그 꽃을 내 입이 좋아하지는 않는다. 손으로 아이의 볼을 쓰다듬을 때는 참 행복하지만, 발로 그랬다가는 큰일 난다. 우리가 세계를 대하는 방식 자체가 분열적이다. 세계를 받아들이는 방식이 이런 한, 우리의 내면이 단순하지 않은 것도 당연하다.

나의 분열적 삶을 만든 것은 분열적인 감각뿐이 아니다. 세상 자체가 무한하다. 그 무한대의 것을 무한대의 내가 만난다. 그렇게 형성된 것이 욕망이다. 당연히 욕망은 하나의 것이 되지는 않는다. 누군들 멋지고 아름다운 삶을 바라지 않으랴만, 나는 전혀 예상하지 못한 힘에 끌려 엉뚱한 곳을 헤매기 일쑤다. 단지 햇빛이 강렬해서 사람을 죽일 수도 있는 것이다.

우리의 착한 청년 알료샤가 어떻게 수도원에 들어오게 되었을까? 그 경로 역시 무한의 뒤엉킴에서 비롯된 우연이다.

알료샤는 자기 자신에게 이렇게 말했다. "나는 전 재산 대신 2루블만 내고, '그 분을 따르는' 대신 미사에나 참석할 수는 없어"라고 말이다. 어쩌면 어린 시절의 기억 속에는 어머니가 데리고 다니던 교외의 수도원에 대한 어떤 추억이 남아 있었는지도 모르고, 끌리꾸샤(히스테리에 걸린 여자)인 어머니가 성상 앞에 그를 받쳐 올릴 때 비스듬히 비치던 석양이 그에게 어떤 작용을 했는지도 모른다. 사려 깊은 그가 우리 고장을 찾아온 것도 전부냐 아니면 2루블이냐를 알아보기 위해서였는지도 모른다. 그러다가 수도원에서 그 장로를 만났던 것이다.

'모르고, 모르고, 모르고… 모른다. 그러다가…', 이것이 우리의 만남이다. 그렇게 무한대의 것들이 뒤엉켜 '지금-여기'의 내가 있다. 그 내가 내일 또 무엇이 되어 있을지는, 역시, 모른다. 지금 이 순간 내 발길이 어디를 향하는지, 내가 누구를 만나는지는 제 알아서 결정할 것이다.

사람살이: 축소를 위한 발버둥

아름다움이란 무시무시할 정도로 끔찍한 것이란다! 무서운 것이지. 왜냐하면 규정되지도 않은 것이고 결코 규정할 수도 없는 것이며 신이 던진 유일한 수수께끼니까. 거기에는 양극단이 맞물려서 온갖 모순이 공존하고 있단 말이야.

드미트리의 말이다. 그는 아름다움이 규정되지 않고 온갖 모순이 공존하는 것임을 잘 알고 있다. 그는 이것을 '끔찍'해하고 있다. 이처럼 사람들은 무한대로 열린 것을 못 견뎌한다. 그래서 드디어 드미트리는 선언한다. "나는 이걸 축소시킬 거야!"

무한대의 것에 노출된 삶을 '자유'라고 할 수도 있다. 무한대 앞에서 무엇을 택하든 내 맘이니까. 그래서 이반은 끊임없이 "신이 없는 자에게 모든 것은 열려 있다"고 읊조린다. 그러나 그런 그조차도 결국은 좌절하고 만다. 그러다보니 사람들은 정답을 찾아 헤매기 시작한다. 신, 이데아, 이성, 질서, 자아, 과학…. 이것들이 그동안 사람들이 내놓은 정답들, 세계를 축소시킨 상들이다. 그리고 오늘날 그 정답은 시장의 신, 세계화의 유일신, 곧 물신이다. 그러나 그렇게 무한의 세계를 축소시킨 정답은 이윽고 인간 자신을 무기력한 노예로 삼고 만다. 자기를 잃어버리고, 세계의 참 모습을 잃어버리게 한다. 부조리다.

이 무한 앞에서 한없이 좌절하다가 이윽고 정답을 찾은 나약한 인간의 모습을 탁월하게 보여주는 장면이 바로 이반의 대서사시, "대심문관"편이다. 그는 16세기 마녀사냥이 횡행하던 스페인에 예수가 재림하는 상황을 설정한다. 그가 예수임을 눈치 챈 대심문관은 그의 신을 투옥한다. 그가 예수에게 일방적으로 떠드는 그 내용은, 인간이 왜 자유를 못 견뎌하는지를 잘 보여준다.

그는 예수가 광야에서 받은 세 가지 유혹이야말로 무한대의 것을 견디지 못하는 사람들이 축소시킨 것, 즉 정답이라고 여긴다. 그것은 '빵'과 '기적'과 '권세'다. 예수는 이 유혹을 거절했다. 까닭은, 예수가 인간에게 자유를 주고자 했기 때문이다. 정답을 배제한 무한대의 세계에서 스스로의 삶을 결정하라는 것이 예수의 메시지다. 그러나 소수의 깨달은 자를 제외하고는 인간은 그 자유를 못 견딘다. 왜? 자유는 굶주림과 양심에 따른 스스로의 선택, 한 마디로 위험을 뜻하기 때문이다. 이들 양떼들에게는 믿고 따를 답이 필요하다. 그것은 배부름이고 건강이고 안전이다. 그리하여 그들은 기꺼이 자유를 반납하고 대신 안전을 택했다. 교회는 예수의 이름을 팔아 그들에게 축소시킨 세계를 제공함으로써 권력을 얻었다.

　　이것이다, 왜 모든 유토피아는 빵과 도덕을 함께 들먹이는가의 비밀은. 왜 그것에서는 항상 기독교(예수가 아니다!)의 냄새가 나는가의 비밀은. 그 모든 유토피아들은 빵과 양심을 동시에 지배하고자 한다. 교회에 다니는 한, 그들의 양심은 늘 편하고 그들이 먹는 풍족한 음식은 하나님의 축복이 된다. 그러나 그것은 악마와 손잡은 것일 따름이다. 왜냐? 그것은 인간의 자유를, 인간 스스로가 자신의 재능을 발휘하게 할 가능성을 부정하고 있기 때문이다. 따라서 진정한 유토피아는 빵과 도덕의 거부에서 출발하는 것인지도 모른다.

　　"우리들의 왕국에서 그들은 모두 행복을 누릴 것이며, 당신의 자유와는 달리 더 이상 반란을 꾀하지도 서로를 해치지도 않을 것이오. 오오, 우리들은 그들이 우리들을 위해 자유를 포기하고 복종할 때만 자유를 누리게 될 것이라고 설득할 것이오. … 그들 자신은 우리들이 옳다고 믿을 것이오. 왜냐하면 당신의 자유가 얼마나 끔찍한 노예의 공포와 혼란으로 자신들을 이끌었는지 기억하게 될 테니까. … 우리들은 그들이 조용하고 겸손한 행복을, 그들이 창조된 바대로 힘없는 존재의 행복을 누리게 해줄 것이오. … 우리들은 그들의 죄악도 허용할 것이며, 그러면 허약하고 무력한 그들은 죄를 지어도 괜찮다며 마치 어린애들처럼 우리들을 좋아할 것이오. … 왜냐하면 그들은 개인의 자유의사 결정이라는 그들의 큰 두통거리나 현재 당면한 무서운 고통에서 해방될 수 있기 때문이오."

이반이 말하고자 하는 것은 무엇인가? 인간이 누리고 있는 자유란, 질서 속의 자유라는 것이다. 인간은 자신의 분열성과 모순성 때문에 고통받는 존재다. 이 모순적 존재는 무모순적인 존재와 대비된다. 그리하여 모순을 회피하고 무모순 상태(라고 착각하는)를 지향하게 된다. 종교, 법, 질서, 제도, 시장 따위. 가장 좋기로는 '구속된 자유'에서 '구속'을 느끼지 못하게 하는 것, 아니, 구속 자체를 자연 법칙처럼 받아들이는 것이다. 이때 등장하는 것이 바로 신이다. 아니, 신의 이름으로 행해지는 질서다.

그러나 추상적 신이 지배하던 시대는 지나갔다. 그러면

무엇으로 신을 삼을 것인가? 물신(物神)! 이리하여 자본주의
는 새로운 신의 질서를 창조했다. 이 질서 속에서 대심문관이
얘기했던 모든 것이 이뤄지고 있다. 이것의 완성태는 뭘까?
아예 질서 자체를 신체에 새겨버리는 거다.

　　이반은 신을 제거해 버림으로써, 즉 거대질서 자체를 없
앰으로써 인간 자신을 전면에 드러내려고 한다. 그러나 그의
"대심문관" 스토리처럼 그는 이 질서를 없앤 이후 상태를 버
티지 못한다. 스스로 창조하는 질서를 끝내 신뢰하지 못한다.
그리하여 그는 신을 없애기 이전보다 훨씬 큰 고통을 맛본다.

　　그렇다면 우리는? 우리는 어떻게 할 것인가? 질서 속에
남을 것인가, 아니면 질서를 없앤 이후의 혼란을, 인간 원래의
모습을 받아들일 것인가? 이 고통스러운 질문을 손에 들고 계
속 나가보자. 다만 한 가지만 지적해 두자. 인간은 원래부터
분열적이고 모순적인 존재, 카라마조프적 존재, 즉 광활함(카
뮈 식으로는 '두꺼움') 자체다.

생각할 거리

　　"대심문관"편에서 도스토예프스키가 말하는 인간의 근원
적 공포는 두 가지다. a. 배고픔, b. 양심. 그리고 이를 극복하
기 위해 품는 것이 c. 전 세계 단결의 욕구다. 이 세 가지의 관
계는 'a + b = c'다. 전 세계를 단결시키고자 하는 자들은 늘 빵

과 양심, 도덕, 이념을 동시에 장악하고자 한다. 무력만으로는 불가능하다. 도스토예프스키의 통찰은 지금 진행중인 세계화의 경로를 그릴 수 있게 해준다. 오늘날 미국은 a를 장악하고 있을 뿐, b를 결여하고 있다.

빵과 도덕을 동시에 장악함으로써 세계를 하나로 만들고자 하는 욕망을 누구나 젊었을 때는 한 번쯤 꿈꾼다. 그만큼 세계는 분열되고 모순된 곳이기 때문이다. 그러나 빵과 도덕을 함께 움켜쥐려는 것 자체가 이미 벌써 악마에 경배한 것임을, 인간의 자유를 근원적으로 훼손하는 것임을 잊어서는 안된다. 그렇다면 대안은 무엇인가? 진정 유토피아는 꿈이란 말인가? 빵과 도덕을 버리는 것에서 무언가 새로운 돌파구를 마련할 가능성은 없는가?

의문은 이어진다. 대심문관의 말마따나 그렇게 자유의지로 살아갈 수 있는 사람이 과연 얼마나 되겠는가? 그 소수를 위하여 다수를 다 포기해야 한단 말인가? 아니면 그 소수가 다수를 이끌 수밖에 없는가? 그렇다면 그것은 지금까지 역사의 반복일 뿐이지 않은가?

마지막 의문. 이 의문 자체에 문제가 있는 건 아닐까? 여기에 생각이 미쳐야 한다. 어떤 문제일까?

'카라마조프적인 대지'

세계를 축소하여 정답을 찾으려는 시도는 허망한 결과를 낳았다. 그런데도 인간은 끊임없이 축소의 시도를 해왔다. '아는 것이 힘'이라는 베이컨식 발상에서 보듯, 인간은 앎을 통해서 삶과 세계를 바꾸는 존재이기 때문이다. 그러나 그 결과는 늘 의도를 배신한다. 그것이 아무리 선한 의도일지라도 결과는 의도를 미끄러지고 만다. 이에 많은 사람들은 그저 주어진 질서에 묵묵히 또는 기꺼이 복종하고, 일부는 허무주의에 빠지고, 소수의 도전자는 오늘도 무언가를 축소시키려는 시도를 하고 있다.

그러나 우리 생각 자체에 문제가 있었던 건 아닐까? 세계 자체가 원래부터 '무한관계', '무한변화'의 질서라면, 우리의 앎은 원천적으로 '모름 속의 앎', '지금-여기의 앎', '어떤 틀 속의 앎'일 수밖에 없다. 원래 그럴 수밖에 없다면 이것은 인간의 앎이 갖는 한계라기보다는 특징이라고 해야겠다. 문제는 사람들이 자기의 앎을 절대화한 데 있었던 것 아닐까? 그 알량한 앎을 들고 세계와 인간을 바꾸고자 했으니, 전혀 예측하지 못한 결과 앞에서 좌절할 수밖에 없었던 거다.

〈카라마조프〉는 원래 그렇게 무한한 세계를 긍정한다. 앞서 내가 '분열성'이라 표현했던 것은 인간의 한계가 아니라, 거꾸로 인간의 존재 방식이다. 이 세계의 무한성 앞에서 세계와 인간을 재발견하는 알료샤의 모습은 이 작품에서 가장 감동적이다.

알료샤가 또 하나의 아버지로 모시는 조시마 장로가 죽었다. 사람들은 어떤 기적 같은 게 일어나지 않을까, 기대한다. 알료샤도 그렇다. 그들은 조시마 장로의 시체에서 향기가 나기를 바라는 것이다. 그러나 기대는 어이없이 무너진다. 향기는커녕 여름 날씨여선지 다른 사람들 시체보다 훨씬 빨리 썩는 냄새가 나기 시작한 것이다. 추종자들의 실망과 배신감, 질시자들의 기쁨이 교차한다. 알료샤의 아픔은 누구보다 컸다. 이에 알료샤는 탕녀 그루센카를 찾아간다. 타락할 목적으로.

그러나 그루센카 역시 알료샤의 기대를 '배신'한다. 그녀는 천사였다. 자기를 버리고 도망친 폴란드 장교를 이미 용서했고, 아직도 기다린다고 한다. 이 이야기의 제목이 '파 한 뿌리'인 것은 의미심장하다. 타락할 목적으로 찾아간 알료샤에게 그루센카는 목마른 자에게 베푸는 파 한 뿌리를 선사한 것이다.

이제 알료샤는 서서히 깨달아간다. 물론 도스토예프스키는 고맙게도 설명은 전혀 하지 않는다. 다 설명해 버리면 독자의 읽는 즐거움을 빼앗는 짓이니까. 아무튼 알료샤는 다시 수도원으로 향한다. 장로의 시신은 파이시 신부가 지키고 있다. 그는 지금 성경을 낭송중이다. 하필 읽고 있는 대목은 예수의 첫 번째 이적인 '가나의 결혼식' 대목이다. 이 다음 대목은 직접 보자.

알료샤는 현관 계단에서도 걸음을 멈추지 않고 빠른 속도로 계단을 내려갔다. 환희로 충만한 그의 영혼은 자유와 공간과 광활함을 열망했던 것이다. 그의 머리 위에 고요히 빛나는 별들로 가득 찬 창공이 무한히 광활하게 펼쳐져 있었다. 아직은 희미한 은하수가 밤하늘 한가운데에서 지평선까지 흩어져 있었다. 땅 위에는 아무런 움직임도 없이 고요하고 신선한 밤이 드리워져 있었다. 성당의 하얀 탑과 황금빛 꼭대기가 루비빛 하늘을 배경으로 반짝였다. 집 곁 정원에 핀 화려한 가을의 꽃들은 아침녘까지 잠들었다. 지상의 고요가 하늘의 그것과 융합하는 듯했고, 지상의 신비가 별들의 그것과 서로 맞닿는 듯했다…. 고목이 쓰러지듯 알료샤는 제자리에 서서 그것을 바라보다가 별안간 대지 위에 몸을 던졌다. 그는 무엇 때문에 대지를 포옹했는지 알지 못했으며, 어째서 대지에, 그 대지 전체에 그토록 입을 맞추고 싶어 했는지 이유를 알 수 없었지만 눈물을 흘리고 오열을 하면서 그리고 눈물로 대지를 적시며 입을 맞추었고 대지를 사랑하겠노라, 영원히 사랑하겠노라 굳게 맹세했다. 그 순간 '그대의 기쁨의 눈물로 대지를 적시고 그대의 그 눈물을 사랑하라…'는 구절이 그의 영혼 속에 울려 퍼졌다.

알료샤는 조시마 장로의 시신에서 향기가 나기를 바랐다. 기적을 갈망한 것이다. 지상의 논리를 거스르는 천상의 기

적이 나타나기를 바란 것이다. 그에게 천상은 지상의 불완전
함, 곧 분열성을 극복하는 정답이었다. 그러나 기적은 일어나
지 않았다. 이에 충격을 받고 그루센카를 찾았다. 그런데 그루
센카는 그가 규정했던 그런 인물이 아니었다. 악마로만 알았
던 그녀는 천사의 모습을 보여주었다. 인간을, 대지를 하나로
만 축소시키는 것이 얼마나 어리석은가, 말이다. 파이시 신부
가 낭송하던 '가나의 결혼식' 대목은 또 얼마나 절묘한 배치
인가. 예수는 결코 지상을 부정하고 천상을 바라라고 하지 않
았다. 그는 지상을 심판하러 오신 분이 아니라, 거꾸로 지상의
즐거움에 동참하기 위해 오신 분이었다. 그의 천국은 지상을
벗어난 곳이 아니라, 지상 속에 숨겨진 보물이었다. 그걸 모르
고 어리석게도 알료샤는 지상을 벗어난 천상을 향해 깨금발을
하고 있었던 것이다. 얼마나 위태로운 자세인가.

　그렇다! 조시마 장로의 시신은 썩어야 한다. 기적은 지상
의 논리를 거스르는 것이 아니다. 진정한 기적은 신이 창조한
무한한 대지에서 만나는 생성과 창조에 있다. 신의 피조물인
인간이 빚어내는 가능성의 발휘야말로 기적이다. 지상의 논리
를 거스르는 기적은 인간 스스로의 가능성을 부정하는 짓, 인
간을 꼬드기는 짓, 인간의 자유의지를 여지없이 꺾어버리는
짓에 불과하다. 그래서 예수는 광야에서 기적의 유혹을 뿌리
쳤던 것이다. 그런 예수가 마치 마술사나 되는 듯이 묘사한 4
복음서의 저자들은 예수를 왜곡했다. 그렇지 않다면, 우리는

복음서에 나오는 기적을 상징적으로 읽어야 한다. 그것이 예수를 살리는 길이다. 예수의 이름을 팔아 기적을 행하는 그의 '종'들은 또 무언가. 하긴 종은 주인의 뜻을 알지 못한다고 예수가 그랬다. 벗이었더라면 쉽게 알았을 것을.

이제 알료샤는 천상에 이르는 길을 찾았다. 그것은 '올라'가는 것이 아니다. '내려'가는 것이다. 은하수가 지평선과 맞닿듯, 천국은 지상과 맞닿아 있다. 그러므로 천국을 오르려는 자는 거꾸로 지상으로 내려가야 한다. 대지를, 이웃을, 나를 사랑하는 것, 그것이 곧 천국의 삶이다.

지상의 분열성은 광활함이요, 무한한 가능성이었다. 변화무쌍한 변화의 끝을 모른다 해서 왜 절망해야 하는가. 오히려 그것이 불확실하기에 우리는 '내 삶'을 살 수 있다. 무언가가 딱 정해진 세상을, 고정불변의 질서나 구조가 지배하는 세상을 상상해 보라. 질식할 것 같지 않은가. 그것은 구속된 삶이다. 그리고 그것은 무한한 세상의 왜곡이다. 따라서 그 삶은 왜곡된 삶일 수밖에 없다. 세상은 모든 것에 열려 있다. 광대무변한 변화, 불확실성이야말로 자유의 조건이다. 어느 하나 정해진 것이 없기에 나는 내 눈으로 보면서, 내 귀로 들으면서, 내 코로 맡으면서, 내 혀로 핥으면서, 내 손으로 만지면서, 내 발로 걸어갈 수 있다. 그 걸음 하나하나가 곧 창조자의 길 아니겠는가. 결과는? 모른다! 그러기에 언제나 설레는 마음으로 살아갈 수 있다. 지기불가이위(知其不可而爲, 그 불가능함을 알면서도 행함)는 대자유인의 기본자세다.

　이제 독자들은 내가 왜 이 해설의 제목을 '카라마조프적'인 대지라 했는지 이해할 줄 믿는다. 표도르의 추잡함, 드미트리의 방탕, 이반의 이성, 알료샤의 포용, 스메르자코프의 냉소, 그러면서도 단 하나로 규정할 수 없는 뒤엉킴, 이 모든 것의 합이 바로 대지다. 그래서 대지는 '카라마조프적'이다. 깨달음을 얻기 전에 이미 알료샤는 그것을 느끼고 있었다. 이반도 그렇고.

　"형님들은 자신을 파멸시키고 있습니다." … "아버지도 그렇고요. 게다가 다른 사람들까지도 자신들과 함께 파멸시키고 있습니다. 거기에는 일전에 파이시 신부님께서 말씀하신 대로 '카라마조프적인 대지의 힘'이 들어 있는 것입니다. 광적이고도 채 다듬어지지 않은 대지의 힘이…"

　"… 끈끈한 봄날의 새싹, 푸른 하늘을 나는 사랑해, 바로 그거야! 이건 이성도 논리도 아니야, 속 깊은 곳에서, 뱃속에서부터 사랑하는 거야, 자신의 젊은 태초의 힘을 사랑하는 거지…. 내 허튼 소리에서 뭘 좀 알아듣겠니, 알료샤?" 이반은 갑자기 웃음을 터뜨렸다.

　"잘 이해해요, 이반 형. 속 깊은 곳에서, 뱃속에서부터 사랑하고 싶으시다는 말씀은 참 잘하셨어요. 그렇게 살기를 원하신다니 나도 정말 기뻐요." 알료샤가 소리쳤다. "이 세상에 사는 모든 사람들은 무엇보다 삶을 사랑해야 한다고 생각해요."

"삶의 의미 이상으로 삶을 사랑해야 한다는 거지?"

"반드시 그래야죠, 형이 말씀하신 대로 논리 이전에 사랑해야 해요. 반드시 논리 이전에라야만 그 의미를 깨닫게 되죠. 그건 이미 오래 전부터 내가 생각해 왔던 바예요. 이반 형, 형은 일의 절반을 실행에 옮겼고 성취했어요, 삶을 사랑하니까요. 이제는 나머지 절반을 위해 노력해야지요. 그러면 구원받으실 거예요."

"그래, 네가 날 구원하고 있는 거냐? 하지만 난 아직 죽지 않았어, 어쩌면 말이야! 그러나저러나 나머지 절반이란 대체 뭘 말하는 거냐?"

"형이 말씀하신 그 죽은 자들을 부활시키는 일이죠. 어쩌면 그들은 결코 죽은 자들이 아니겠지만요. ⋯"

'카라마조프적인 대지의 힘'은 위험하면서 사랑스럽다. 무한하고 광활하다. 그 힘을 이반은 얼마나 멋있게 표현하는가. 그렇게 자신의 젊은 태초의 힘을 사랑하는 것, 삶의 의미나 논리 이전에 삶 자체를 사랑하는 것, 그것이 출발이다. 그러나 이것은 절반이다. 나머지 절반은? 자신의 삶에서 모두의 삶에로! 죽은 자의 삶에로 나아감이다. 바로 대지에 뛰어듦이다. 그곳은 죽은 대지일 수도 있겠지만, 그러나 결코 죽은 자들의 대지가 아니다. 그냥 뛰어들어서는 안 된다. 자기 삶을 사랑하는 자세로 뛰어들어야 한다. 예수가 말했다. 네 이웃을 네 몸과 같이 사랑하라고. 구원은 자기만으로는 이룰 수 없다. 더불어, '더불어'라야만 이룰 수 있다.

대지 살기

광활하고 무한한 대지와 삶을 이해하는 것은 전혀 새로운 삶을 예비한다. 그 자체로서도 큰 성취겠지만, 그러나 앎이 삶을 보장하는 건 아니다. 막연한 깨달음은 구체적인 삶에서 좌절하기 일쑤다. 왜냐? 무한관계에서 무한변화를 낳는 것이 세상이므로, 내 뜻대로 되는 건 없으므로. 그런데도 우리는 알고자 하고, 하고자 한다. 세상을 축소시키는 것이다. 깨달은 자라고 해서 예외는 아니다. 그 역시 축소시켜야만 뭔가를 할 수 있는 것이다. 다만, 대지성을 이해한 사람은 그의 앎이 대지를 축소시킨 것이라는 점, 그의 앎이 '지금-여기'의 앎일 뿐이라는 사실, 따라서 그의 앎과 함이 모든 것에 열려 있다는 것을 안다. 그는 '다만 나아갈 뿐'인 것이다.

대지성을 깨달은 자는 이웃과 세상을 받아들이는 작업을 해야 한다. 내가 발 딛고 사는 이곳이 곧 천국임을 깨달아야 한다는 말이다. 그것을 잘 보여주는 것이 조시마 장로의 죽은 형 이야기다. 그의 형은 젊어서 죽었다. 죽기 직전에 그가 보인 행동은 상식적으로 납득하기 어렵다. 그는 하인에게, 심지어 새들에게조차 잘못을 용서해 달라고 빈다. 이것을 죽음의 징조로 받아들인 어머니가 걱정하자 그는 이렇게 말한다.

"제가 그들에게 죄인이 되고자 하는 것은 제가 그들을 어떻게 사랑해야 좋을지 모르기 때문이에요. 제가 그들에게 죄를 지었다고 하더라도 그들이 저를 용서해 준다면 그것이 바로 낙원이거든요. 그런데도 제가 지금 낙원에 있는 것이 아닌가요?"

'죄인이 되고자 하는 것은 그들을 어떻게 사랑해야 좋을지 모르기 때문'이라는 것은 새들과, 나아가 세상과 하나 되는 방법을 알려준다. 내가 새를 사랑하는 것은 극히 부분적인 이유 때문이다. 소리가 아름답다거나 모양이 보기 좋다거나 아니면 맛있다거나다. 그러나 그것은 사랑이 아니다. 자기중심적인 이기심일 뿐이다. 그에게 사랑을 받는 새들은 새장에 갇히기도, 심지어 목숨을 빼앗기기도 한다. 음식점 간판에서 웃는 돼지나 오리를 보면, 인간의 사랑이란 게 어디까지 가는지 잘 알 수 있다. 우리의 사랑이란 게 이 모양이다. 스토커 짓을 하면서 사랑이라고 착각하는 사람조차 있다. 자식을 사랑한다면서 자식의 가능성을 보기보다는 시장의 노예로 팔아먹는 게 오늘의 현실이다. 어떻게 사랑해야 좋을지 모르면서 사랑하는 것, 바로 죄짓는 거다.

새와 내가 하나 되는 방법은 무엇인가? 스스로 죄인 되는 것이다. 죄인 된다는 것이 도대체 무슨 말일까? 죄인 되려는 자는 상대방에게 전적으로 자기를 내놓는다. 죄를 용서받으려는 자가 어떻게 자기주장을 펼칠 수 있겠는가. 그렇게 자기를 비운 상태로 상대방의 처분을 기다리는 거다. 그 빈자리에 새가 들어오도록 하는 것이다.

"회개하라, 천국이 가까웠느니라", "마음이 가난한 자는 복이 있나니 천국이 저희 것임이요." 이 둘은 이렇게 연결된다. '회개 = 비움.' 천국이 가까웠다는 말은 뭔가? 내가 마음을 비우면 이웃과 세상이 그 마음속에 들어찬다는 거다. 이것이 곧 천국 상태다. 비우기만 하면 오는 것, 따라서 천국은 어디 멀리 있는 것이 아니라, 항상 이미 있는 것이다. 다만 내 마음속에 들어찬 것들, 즉 어떤 특정의 질서나 단 하나의 욕망 때문에 아직 오지 않았을 뿐.

대지를 산다는 것은 무한한 세상과 무한한 나를 받아들이는 것이다. 그렇게 세상을 긍정함으로써 내 삶을 긍정하는 것이다. 그런 '참 나'로서 무한대의 세상으로 기꺼이 뛰어드는 것이다. 그래서 조시마 장로는 자기 죄를 참회하되 그것을 두려워하지 말라고, 자만하지 말라고, 남을 함부로 평가하고 증오하지 말라고 했다. 나와 이웃은 무한대로 열린 존재이므로, 어느 하나로 규정되지 않는다는 것이다. 알료샤에게는 수도원을 나가라고, 결혼도 하라고 하였다. 한 사람 곁에만 있지 말고, 두 사람 곁에 있으라 했다. 그렇다. 천국은 이렇게 이웃과, 세상과 열린 관계를 맺는 자의 삶 자체다. 지옥은? 그것은 '결코 사랑할 수 없는 고통'이다. 더 이상 관계 맺지 못하는 삶이 곧 지옥이다. 따라서 지옥을 벗어나려는 자, 천국을 살고자 하는 자는 '고립의 시대를 끝내야' 한다.

알료샤는 장로가 죽은 지 사흘만에 수도원을 나선다. 기막힌 설정이다. 예수의 부활은 바로 이런 것이다. 그가 죽은지 사흘 만에 무덤을 나서서 제자들로 부활했듯이, 알료샤는 수도원이라는 무덤에서 부활한 장로다. 그렇게 부활한 알료샤에게 독자들은 당연히 엄청난 활동을 기대한다. 그런데 실망스럽게도 우리의 알료샤는 별 볼 일 없이 산다. 그저 어린아이들과 더불어 논다. 이것이다. 대지를 산다는 것은 이렇게 일상을 사는 것이다. 구체적인 삶 속에서 어린아이처럼 삶을 긍정하는 것이다.

대가들은 유난히 어린아이를 강조한다. 노자도, 예수도, 니체도. 노자는 어린아이의 무규정성을 찬양했다. 예수는 어린아이야말로 천국의 주인이라 했다. 니체는 어린아이를 일컬어 최초의 운동이자 거룩한 긍정이라 했다. 이 말들은 다 같다. 주어진 질서에 따라 함부로 세계를 규정하는 것이 아니라, 있는 그대로의 세계를, 그 변화를 긍정하는 삶, 언제나 새로운 시작, 이것이 어린아이처럼 천국을 사는 자의 꼴이다. 비움으로써 채운다는 이치가 바로 이런 것이다. 그것은 거듭남이요, 나아감이다. 그렇게 대지를 사는 자는 대지의 변화와 더불어 노니는 자다. 열린 관계 속에서 천국을 맛보는 자다.

(가)

"누가 옳은지 스스로 판단해 보시오. 당신이오, 아니면 그 때 당신을 시험에 들게 한 그 자요? 첫 번째 질문을 상기해 보시오. (이 돌들로 빵이 되게 하라) 표현이야 똑같지 않겠지만 의미는 이런 것일 테니까. '너는 세상에 나가고 싶어 하는구나. 자유에 대한 무슨 약속만 있을 뿐 빈손으로 말이다. 하지만 순진하고 본래 비천한 인간은 그 약속의 의미를 깨닫지 못하여 두려워하고 무서워할 뿐이다. 왜냐하면 인간이나 인간사회에서 자유보다 더 견디기 힘든 것은 결코 아무것도 없었으니까! 네 눈에도 뜨겁게 달아오른 이 벌거숭이 광야에서 뒹구는 저 돌들이 보이겠지? 그 돌들을 빵으로 변화시키란 말이다. 그러면 인류는 네가 손을 거둬들여 빵을 주지 않으면 어쩌나 하고 영원히 불안에 떨면서 착하고 온순한 양떼처럼 네 뒤를 따를 테니…' 하지만 당신은 인간들로부터 자유를 빼앗고 싶지 않았기에, 빵으로 복종을 산다면 그게 무슨 자유인가라고 판단하여 그 제안을 거절했었소. 당신은 인간은 빵만으로 살 수 없다고 대답했지만, 그 지상의 빵의 이름으로 지상의 악마는 당신에게 반기를 들고 일어나 당신과 투쟁하여 결국 당신을 누르고 말 것이며, 모든 사람들은 '그 짐승을 닮은 자야말로 하늘에서 불을 훔쳐다가 우리들에게 가져다주었다!'라고 외치면서 악마의 뒤를 따르리란 사실을 당신은 모른단 말이오? … 사람들은 '먹여 살려라. 그러고 나서 선행을 요구하라!'라고 쓴 깃발을 당신에 맞서 높이 치켜들고 당신의 성전을 파괴할 것이오. … (그 자리에는) 새로운 건물이, 무서운 바벨탑이 새로 들어설 것이오."

(중략)

"그때 인류는 지하에, 카타콤에 숨어 있는 우리들을 찾아나서고, 마침내 우리들을 발견하여 '우리들에게 빵을 주십시오. 하늘나라에서 불을 훔쳐 주겠다고 약속했던 자들은 우리들에게 불을 가져다주지 않았기 때문입니다'라고 외칠 것이오. 빵을 주는 자만이 그 탑을 완성시킬 수 있기 때문에 그제서야 우리들이 그것을 완성시킬 것이오. 그때 우리들은 당신의 이름으로 빵을 나눠주겠지만 당신의 이름이라는 것은 거짓말에 불과하오. 오오, 우리들이 없으면 그들은 결코, 결코 빵을 얻을 수 없는 것이오! 그들이 자유를 누리는 한 어떤 과학도 빵을 줄 수 없지만, 결국 그들은 우리들의 발아래 자유를 반납하면서, '우리들을 노예로 삼되 우리들에게 빵을 주시는 편이 낫습니다'라고 말할 것이오. 마침내 그들 스스로 지상의 빵과 자유가 양립될 수 없다는 사실을 깨닫게 될 것이오. 왜냐하면 그들은 두 가지를 절대로, 절대로 모두 가질 수는 없을 테니까!"

(중략)

"그들은 자신들이 무력하고 결함투성이의 하잘것없는 존재이자 반역자들이어서 당신은 그들에게 천상의 빵을 약속했지만, 다시 말하건대 무력하고 영원한 모순 속에서 허덕이며 영원히 비천한 존재인 그들의 눈에 그것이 지상의 빵과 비교될 수 있을 거라고 생각하오?"

"사람들의 자유를 지배할 수 있는 자는 오직 그들의 양심을 편안하게 해줄 수 있는 사람뿐이오. … 그런 점에서는 당신이 옳았소. 왜냐하면 인간 존재의 비밀은 그저 살아가는 데 있는 것이 아니라, 무엇을 위해 살아가느냐에 있기 때문이오. … 인간의 자유를 지배하기는커녕 당신은 인간에게 한층 더 많은 자유를 주고 말았소! 선악을 분별할 때의 자유로운 선택보다는 평안, 그리고 심지어는 죽음이 인간에게 더 소중하다는 사실을 당신은 잊었단 말이오? 인간에게 양심의 자유보다 더 매혹적인 것은 아무것도 없지만, 그보다 더 고통스러운 것도 없는 것이오. 그런데 당신은 인간의 양심을 영원히 평안하게 할 튼튼한 토대를 마련해 주지는 않고 특별하고 수수께끼 같고 불확정적인 것만을 가져왔고 인간에게 힘겨운 것만을 가져왔으니, 결국 인간을 전혀 사랑하지 않는 것처럼 행동한 꼴이 되었소. … 당신은 당신에게 현혹되어 포로가 된 인간이 자유 의지로 당신을 따라줄 자유로운 사랑을 기대했던 거요. … 당신은 자신의 왕국을 파괴시킬 토대를 스스로 마련한 것이니, 그

문제에 관한 한 누구도 탓할 수 없는 것이오.”
— 도스토예프스키, 〈카라마조프 가의 형제들〉

(나)

　“젊은 친구” 하고 무스타파 몬드가 말했다. “문명은 인격
의 고결함이나 영웅적인 것을 결코 필요로 하지 않는다네. 그
런 것은 정치적 무능의 징후지. 현대처럼 적절하게 조직된 사
회에서는, 고결성을 지닌다든가 영웅적이 될 수 있는 기회가
누구에게도 없다네. 그러한 기회가 발생하려면, 우선 사회의
상황이 철저하게 불안정해야 하지. 전쟁이 일어난다든가, 충
성의 의무감이 두 갈래로 갈라진다든가, 항거해야 할 여러 가
지 유혹이 있다든가, 싸워서 쟁취하느냐 수호해야 하느냐 하
는 식의 애욕의 대상이 있다든가. 그러한 경우라면 말할 것도
없이 고결한 정신과 영웅주의 같은 것이 다소 의의가 있겠지.
그러나 지금은 전쟁 같은 것은 없네. 누구든지 지나치게 사랑
하지 않도록 최대의 주의를 다하고 있지. 충성의 의무감이 두
갈래로 갈라질 염려도 없네. 즉 사람들은 모두 그들이 마땅히
해야 할 일들을 하도록 길들여져 있지. 그리고 마땅히 해야 되
는 것들이란, 모두 지극히 즐거운 것이며, 자연적 본능은 대
부분 자유롭게 해방되어 있네. 그러므로 항거해야 할 유혹 같
은 것은 실제로 존재하지 않아. 그리고 만일의 경우에, 우연히
도 그 어떤 불행하고 불쾌한 일이 발생할 경우에는, 그때야말

로 불쾌한 대상으로부터 벗어나 휴식을 취하도록 소마가 준비
되어 있지. 화를 진정시키는 데도 소마가, 적과 융화하는 데도
소마가, 끈기 있게 지구력을 강화시키는 데도 소마가 준비되
어 있네. 옛날에는 오랜 시간 동안 노력하고 격심한 도덕적 훈
련을 해야만 이런 상태에 도달할 수 있었어. 그러나 지금은 반
그램의 소마 정제 두 개 내지는 세 개만 삼켜 버리면, 그것으
로 충분하다네. 지금은 어떤 사람이라도 도덕가가 될 수 있지.
병 속에다 도덕성의 반만 집어넣은 채로 어디라도 갈 수 있다
네. 눈물을 흘리지 않는 기독교 정신, 즉 소마가 그것이지."

"그러나 눈물은 필요합니다. 오델로가 말한 것을 기억하
고 계시죠? '폭풍이 분 뒤에 언제나 이러한 고요가 찾아온다
면, 죽은 자가 깜짝 놀라 깨어날 때까지 바람은 불지어다.' 나
이가 많은 인디언이 항상 저에게 들려주던 이야기가 있습니
다. 마사키의 소녀에 관한 이야깁니다. 그녀와 결혼할 젊은 남
자는, 그녀의 뜰에서 매일 아침 풀을 베지 않으면 안 되었습니
다. 그것은 쉬운 일 같았으나, 모기와 파리와 요술쟁이들이 뜰
에 있었습니다. 그래서 남자들은 대부분 물리거나 찔리기 때
문에 참을 수가 없었죠. 그런데 그것을 견뎌 낸 한 남자가 있
어서 그가 소녀를 차지하게 되었다는 것입니다."

"재미있군! 그러나 문명국에선 풀 같은 걸 베어주지 않아
도 여자를 얻을 수 있다네. 그리고 물거나 찌르거나 하는 모기
나 파리도 없지. 1세기 전에 전부 전멸시켜 버렸으니까."총재

203

가 말했다.

야만인은 얼굴을 찡그리면서 고개를 끄덕거렸다. "전멸시켜 버렸다고요? 과연 당신들이 아니면 할 수 없는 일이죠. 불쾌한 것은 모조리, 그것들과 싸우는 것을 배우는 대신 손쉽게 쫓아 버린다는 것이죠. 어떤 쪽이 남자의 마음이겠습니까? 잔혹한 운명의 돌팔매질과 화살을 받고도 참는 것, 조수처럼 밀려드는 재앙을 두 손으로 막아 싸워서 이와 함께 쓰러지는 것입니까? 아니면 아무것도 하지 않고, 고민하는 것도 참는 것도 하지 않는 것입니까? 당신들이 하는 것은 오로지 돌과 화살을 없애 버리는 것뿐입니다. 그렇게 되면, 인생은 너무나 안이한 것이 되고 맙니다."

(중략)

"당신들에게 필요한 것은 눈물과 함께 그 무엇을 허락해서 받아들이는 것입니다. 이 사회에는 가치 있는 것이 아무것도 없습니다. 나약하고 모순덩어리인 이 한 몸을 던져서 운명도, 죽음도, 위험도 감히 돌보지 않고, 그러면서도 얻게 되는 것은 달걀 껍데기 정도의 것, 이런 짓은 아무 가치도 없을까요?" 하고 묻고는 무스타파 몬드를 쳐다보았다.

"많은 가치가 있지"라고 총재가 대답했다. "남자나 여자나 이따금씩 아드레날린을 자극시킬 필요가 있으니까."

"뭐라구요?" 하고 이해하지 못한 야만인이 물었다.

"그것이 안전한 건강 조건의 하나라네. 그 때문에 우리들은 V.P.S. 요법을 강제적으로 시행하고 있지."

"V.P.S. ?"

"'격렬한 열정대치 치료요법'이란 것이지. 한 달에 한 번씩 규칙적으로 몸 전체를 아드레날린으로 훑어내린다네. 아드레날린은 생리학적으로 공포나 분노와 대등한 것이지. 데스데모나를 죽인다든가, 오델로에게 살해당한다든가 하는 모든 보충적인 효과를 가져오지. 아무런 불편도 없이."

"그러나 나는 불편한 것이 좋습니다."

"우리들은 싫어하네." 총재가 말했다. "우리들은 편한 걸 더 원하지."

"저는 편한 것을 원치 않습니다. 저는 신이 필요합니다. 시가 필요합니다. 현실의 위험이 필요합니다. 자유가 필요합니다. 선행이 필요합니다. 죄악이 필요합니다."

"정말로?"하고 무스타파 몬드가 말했다. "자네는 불행하게 될 권리만 찾고 있군 그래."

"그래도 할 수 없죠"라고 야만인이 대담하게 말했다. "저는 불행하게 되는 권리를 요구하고 있습니다. 늙고 추악해지고 성불구가 되는 권리는 말할 것도 없이, 매독과 암에 걸리는 권리를, 기아의 권리를, 이투성이가 되는 권리를, 내일은 어떻게 될까 끊임없이 걱정하는 권리를, 티푸스에 걸리는 권리를, 이루 말할 수 없는 수많은 고통으로 괴로움을 받는 권리를."

오랜 침묵이 흘렀다.

"나는 이러한 모든 것을 요구합니다"라고, 마침내 야만인이 말해 버렸다.

무스타파 몬드는 어깨를 으쓱했다. "마음대로 하게."

— 올더스 헉슬리 〈멋진 신세계〉

〈문제 1〉 두 글에서 공통된 진보관을 도출하여 오늘날의 진보관과 비교하시오.

〈문제 2〉 (나)의 야만인의 관점을 근거로 (가)와 (나)의 진보관을 비판하시오.

〈문제 3〉 자기 나름의 진보관, 또는 바람직한 사회상을 제시하시오.

다락원 논술노트 010

카라마조프 가의 형제들

펴낸이 정규도
펴낸곳 (주)다락원

초판 1쇄 발행 2006년 11월 10일
초판 2쇄 발행 2016년 9월 9일

책임편집 안창열, 김지영
디자인 손혜정, 박은진
번역 오성환
삽화 손창복

다락원 경기도 파주시 문발로 211
내용문의: (02)736-2031
구입문의: (02)736-2031(내선 250~252)
Fax: (02)732-2037
출판등록 1977년 9월 16일 제300-1977-23호

Copyright © 2012, 다락원

출판사의 허락 없이 이 책의 일부 또는 전부를
무단 복제·전재·발췌할 수 없습니다.
잘못된 책은 바꿔 드립니다

값 8,500원

ISBN 978-89-5995-125-3 43740

영어 독해력 증강 프로그램
행복한 명작 읽기

〈행복한 명작 읽기〉는 기초가 약한 영어 초급자나 초, 중, 고 학생들이
보다 즐겁고 효과적으로 명작들을 읽으며 독해력을 키울 수 있도록 개발된
독해력 증강 프로그램입니다.

국판 | **Grade** 1, 2, 3 각권 **6,000원**(오디오 CD 1개 포함)
Grade 4, 5 각권 **7,000원**(오디오 CD 1개포함)
*어린왕자 8,000원(오디오 CD 2개 포함)
**고도를 기다리며 9,000원(오디오 CD 2개 포함)

책의 특징

1 골라 읽는 재미가 있다. 초보자를 위한 350단어 수준에서 중고급자를 위한 1,000단어 수준까지 5단계 구성.
2 단계별로 효과적인 영어 읽기 요령과 영문 고유의 참맛을 느낄 수 있는 장치가 곳곳에.
3 읽기만 해도 영어의 키가 쑥쑥 – 해석을 돕는 돼지꼬리(◞), 영어표현 및 문법 설명, 퀴즈가 왕창.
4 체계적인 듣기 학습까지. 전문 미국 성우들의 생동감 넘치는 원음을 담은 오디오 CD 제공.

Grade 1 Beginner	Grade 2 Elementary	Grade 3 Pre-intermediate	Grade 4 intermediate	Grade 5 Upper-intermediate
350words	**450**words	**600**words	**800**words	**1000**words
1 미녀와 야수	11 이솝 이야기	21 톨스토이 단편선	31 오페라 이야기	41 센스 앤 센서빌리티
2 인어공주	12 큰 바위 얼굴	22 크리스마스 캐럴	32 오페라의 유령	42 노인과 바다
3 크리스마스 이야기	13 빨간머리 앤	23 비밀의 화원	33 어린 왕자*	43 위대한 유산
4 성냥팔이 소녀 외	14 플랜더스의 개	24 헬렌 켈러, 나의 이야기	34 돈키호테	44 셜록 홈즈 베스트
5 성경 이야기 1	15 키다리 아저씨	25 베니스의 상인	35 안네의 일기	45 포 단편선
6 신데렐라	16 성경 이야기 2	26 오즈의 마법사	36 고도를 기다리며**	46 드라큘라
7 정글북	17 피터팬	27 이상한 나라의 앨리스	37 투명인간	47 로미오와 줄리엣
8 하이디	18 행복한 왕자 외	28 로빈 후드	38 오 헨리 단편선	48 주홍글씨
9 아라비안 나이트	19 몬테크리스토 백작	29 80일 간의 세계 일주	39 레 미제라블	49 안나 카레니나
10 톰 아저씨의 오두막	20 별	마지막 수업	30 작은 아씨들	40 그리스 로마 신화	50 나에겐 꿈이 있습니다 –명연설문 모음

쉬운 영문을 통해 영어 독해에
대한 막연한 두려움을 없앤다
왕초보 기초다지기

실력에 맞게 효과적으로 끊어
읽으며 직독직해 훈련을 한다.
실력 굳히기

영문판 원서 도전을 위한
전 단계의 준비과정이다.
영어의 맛 제대로 느끼기